Montpellier
du charme à la folie

Textes et photos
Jean-Michel Renault

Traduction
Toby Garrad

© 1997 Les Créations du Pélican / VILO
ISBN : 2 7191 0360 8
Dépôt légal : 4e trimestre 1997
Collection dirigée par Jean-Michel Renault
Compogravure : Photogravure du Pays d'Oc
Imprimé en Union Européenne sur les presses de **beta**

du charme à la folie

Illuminée par un soleil méditerranéen facétieux qui dégrafe les corsages et fait pétiller les regards, caressée par des courants d'air chaud qui font virevolter les cotonnades sur la Comédie, Montpellier est, de l'avis de tous les observateurs, la cité la plus séduisante de France. Alors qu'il sirotait un "quinquina" à la terrasse du "Riche", François Truffaut s'empourpra lui-même de satisfaction devant le ballet affolant effectué sur la Place de l'Œuf par les jambes longues et racées des Montpelliéraines. De cette coupable illumination naquit le film "L'homme qui aimait les femmes" que l'illustre cinéaste décida, en toute logique, de tourner dans la capitale languedocienne. Les rues du "Clapas" se sont depuis enrichies de la démarche alerte de quelque 35 000 étudiantes… de quoi faire chavirer les esprits les plus sages !

Côté Messieurs, la ville n'est pas en reste. Montpellier auréole son passé d'une multitude de grands noms du monde des arts, des sciences et, surtout, de la médecine. Nous retrouverons naturellement le destin de tous ces grands hommes au fil des pages de cet ouvrage et nous oublierons, comme à l'ordinaire, le prénom de leurs compagnes : ces femmes de l'ombre, exemplaires, souvent sacrifiées sur l'autel de la passion dévorante de leurs éminents époux. Les historiens s'étendent plus volontiers sur ces autres femmes de l'ombre, cette fois insouciantes et légères, pour lesquelles les plus grands se ruinèrent à la construction de garçonnières champêtres, dotées de luxueux salons de musique et d'invraisemblables jardins exotiques. Mais dans l'"Ecusson", le cœur historique de Montpellier, ces messieurs ont pris soin de rendre hommage aux dames de

d'un regard à l'autre

Les toits du quartier du Cannau depuis le clocher ouest de la cathédrale Saint-Pierre. Les boulevards qui ceinturent le centre ville remplacent les douves de l'ancienne enceinte médiévale dont la forme de blason fait appeler le cœur historique l'"Ecusson".

Tiled rooves in the Cannau area seen from the the west facing bell-tower of Saint Pierre Cathedral. Busy boulevards have replaced the moats that used to surround the walled medieval town. Where there used to be moats enclosing the old medieval town boulevards now circle the city centre. Because of its shape, the old town is otherwise known as the "Ecusson" (blazon).

Dans la douce fraîcheur des ruelles médiévales, des œillades complices nous sont en effet lancées, par-delà les siècles, par les agrafes des hôtels particuliers. Les minauderies de ces marquises sont surveillées depuis les frontons des édifices publics par les ténébreuses et envoûtantes déesses des Arts et de l'Administration. Aux envolées théâtrales de ces allégories classiques répond encore, à l'ombre d'un marronnier ou d'un palmier bleu, le geste simple et beau d'une nudité juvénile. Sur les parterres du Champs de Mars, la féminité sereine et accomplie de "La prairie", polie dans le marbre blanc par Horace Daillon, ignore la grimace du supplicié "Marsyas" dont Jacques Villeneuve se plut à tétaniser la musculature. Sur le Plan de l'Université, un baiser de pierre langoureux s'éternise sans indécence tandis qu'une étudiante, luisante et nue comme la vérité, se rafraîchit dans une fontaine face au Lycée Mermoz. A deux pas de cette jolie baigneuse, sur une berge du Lez où jadis les lavandières enflammaient les cœurs des conscrits du Génie, les tendres rondeurs de la "Chanson du Vin" ont été figées par le sculpteur Marius Saïn dans une envolée chorégraphique d'une émoustillante fraîcheur. Ce pas de danse enthousiaste accompagne enfin, au centre de la Place de la Comédie, la ronde lascive, exécutée par "Les Trois Grâces" d'Etienne d'Antoine. Il est bien loin le temps où les poitrines fermes et arrogantes de nos illustres ambassadrices, Aglaé, Thalie et Euphrosine, étaient accusées d'attenter à la morale et se voyaient recouvrir d'un voile pudibond

leur vie et de leurs fantasmes en faisant fixer pour l'éternité dans la pierre les visages de Madone des unes et les sourires mutins des autres. Ravissant aujourd'hui notre regard en tous lieux, le calcaire coquillier pérennise ainsi sous les balcons bourgeois quelques épaules vaillantes ou d'opulentes poitrines maternelles, tandis que dans les parcs, le marbre blanc aguiche les promeneurs en se faisant naïade aux galbes lisses et laiteux.

from charm to seductiveness

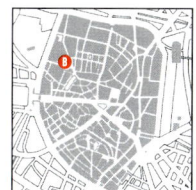 

lors du passage des processions. Qui se plaindrait aujourd'hui, de cette exhibition dont les clients des terrasses s'émeuvent encore ?

En relevant le nez sur les beautés de la ville, les yeux s'écarquillent, les esprits s'ouvrent et accordent à nos sens le droit à l'émotion. Aussi, on observe volontiers la lumière, si chère à nos peintres Bazille, Glaise, Cabanel, Fabre, Leenhardt, Ranc et autre Raoux, faire vivre la pierre sur les façades bourgeoises des grandes artères. Avec mollesse ou ardeur suivant l'avancée du jour, les rayons célestes glissent sur les rondeurs impudiques des cariatides, rebondissent sur la musculature saillante et équivoque des couples d'atlantes, et miroitent sur le mur d'eau de la Place de l'Œuf pour chatouiller de mille feux trois jouvenceaux de bronze immergés à mi-fesses. Selon leurs concepteurs, les sculpteurs Bourry et Goetchy, ces "Trois Éphèbes" se morfondraient d'amour pour les trois jolies "grassouillettes" de la place et crieraient leur désespoir de ne pouvoir les rejoindre sur leur propre fontaine...

Bien entendu, la visite de Montpellier proposée par cet ouvrage ne peut se limiter à l'inventaire des lignes généreuses et parfois provocatrices de ses sculptures. Mais la nature humaine est ainsi faite que ces regards complices avec la pierre, ces petites émotions gratuites livrées par la lumière, témoignent par-delà les siècles du même sel de la vie. Quel moyen plus efficace alors, pour appréhender les monuments historiques d'une grande cité méditerranéenne comme Montpellier, que de laisser sa propre sensualité communier avec celle de leurs bâtisseurs ?

The facetious Mediterranean sun illuminates Montpellier, unfastens blouses and gives a sparkle to the eye. Passers-by on the Comédie are caressed by hot air currents and summer clothes twirl in the warm draughts. Observers widely accept that Montpellier is the most attractive and charming city of France. The film director François Truffaut himself glowed with satisfaction before the spectacular ballet of the Montpellier girls' distinguished long legs while sipping a "quinquina" on the pavement in front of the Riche café. He subsequently produced the film "The man who loved women", which of course, was filmed in Montpellier. Today, about 35,000 long-legged students walk the streets of "Le Clapas"… more than enough to trouble the minds of even the best behaved!

In so far as men go, Montpellier has a lot to say for itself too. The history of Montpellier is glorified with a number of famous men of the arts, science and above all medicine. Page after page in this book the destiny of these men is rediscovered and, as is the custom, we will omit the first names of their spouses, discreet and exemplary women who were all too often sacrificed on the altar of the devouring passion of their brillant husbands. Historians often prefer to expatiate on the more irresponsible and fast women for whom the greatest men would spend fortunes building country pleasure houses complete with luxurious music rooms and unbelievably exotic gardens. In the heart of the city or "Ecusson" these same men made sure they paid a tribute to the ladies and fantasies of their lives. Madonna type faces and more cheeky looking smiles were sculpted in stone for eternity. Today, to our delight, shelly limestone sculptures perpetuate some of those courageous shoulders and opulent maternal busts under bourgeois balconies. And in the parks, the visitor's curiosity is aroused by white marble statues, and water nymphs with smooth milky contours.

Préservant avec fierté les vestiges intra-muros de son histoire, la cité s'offre vers l'Est un nouveau visage. Vénéré ou contesté lors de son inauguration en 1982, le quartier d'Antigone s'impose aujourd'hui comme l'étendard architectural de la ville.

While proudly preserving the medieval town, the city has developed towards the east. Both venerated and disputed at the time of its inauguration in 1982, Antigone definitely stands out today as one of the city's major urban developments.

from one view to another

In the cool of the narrow medieval streets meaningly glances from the town houses' ornamental keystones take us centuries back. The simpering smiles of these marchionesses are closely watched from the façades of the public buildings by obscure but fascinating goddesses of the Arts and Administration. In the shade of a chestnut or palm tree these traditionally theatrical allegories contrast with the simple but beautiful gesture of a youthful nude. In the flower beds of the "Champ de Mars" the serene and accomplished femininity of "La prairie", polished in white marble by Horace Daillon, ignores the grimace of Jacques Villeneuve's tortured prisoner. At the Plan de l'Université a languid everlasting kiss catches the eye while a shiny, nude student refreshes herself in the fountain opposite the Mermoz secondary school. Only a couple of minutes' walk away from this attractive bather, on the banks of the river Lez, one can admire the tender curves of the "Chanson du Vin", set by the sculptor Marius Saïn. This lascivious walk ends of course at the Place de la Comédie and the sensual "Trois Grâces" in the city centre.

"La fille qui danse", œuvre hyperréaliste grandeur nature de Daniel Herbreteau en 1995, émoustille le regard de plus d'un lycéen au carrefour Mermoz. Aux heures caniculaires de l'été, qui n'a jamais rêvé de courir avec elle parmi les gerbes d'eau ?

Sculpted by Daniel Herbreteau in 1995 the real-size hyper-realistic "La fille qui danse" arouses the senses of many teenaged school children. In the heat of the midsummer sunshine, haven't we all dreamt at least once of joining her in the fountain ?

Gone are the days when the firm, arrogant busts of our famous women ambassadors, Aglae, Thalie and Euphrosine were accused of indecent behaviour and had to be draped with a chaste veil on the occasion of passing processions. Who would complain today about our "Trois Grâces" who still move customers sitting on the pavement in front of the cafes ?

The beauties of the city cannot fail to attract the eye. Artists like Bazille, Glaise, Cabanel, Fabre, Leenardt, Ranc and many others all painted the softness or the ardour of the light that brings the bourgeois façades to life. Depending on the time of day, celestial gleams of light slip on the immodest curves of caryatids or bounce off atlantes' standing out musculatures. Bourry and Goetchy, the sculptors of the equivocal "Trois Ephèbes" do not doubt that their handsome young men would have loved to join the three beautiful Grâces in their fountain… Of course, there is more to the visit of Montpellier as described in this book than the inventory of the tender and occasionally equivocal curves of the city's statuary. But human nature is such that a more intimate look at some of those statues and stones in different lights reveals the essence of life over the centuries. Undoubtedly, the best way to familiarize with the historical monuments of a big Mediterranean city like Montpellier is for one's own sensuality to be in communion with those who have built the city.

Une ammonite de la vallée de l'Hérault, un Harpoceras falcifer.

repères historiques du Pays de Montpellier

● Durant **l'ère secondaire** (-245 à -110 millions d'années) la région de Montpellier est occupée par une mer où grouillent les requins et les ammonites (parmi les nombreux fossiles que recèle la garrigue). Cette mer est nommée Thétis : une femme déjà, une divinité grecque qui enflamma les cœurs de Zeus et de Poséidon.

During the secondary era (-245 to -110 million years ago) the district of Montpellier was occupied by a sea swarming with sharks and ammonites (numerous fossils of the latter may be found in the garrigue). This sea was named Thétis, a Greek goddess who stirred the hearts of Zeus and Poseidon.

● Il y a **40 millions** d'années. La plaque hispanique entre en collision avec le sud de l'Europe en faisant surgir le massif des Pyrénées. Cette poussée comprime contre le vieux Massif Central le fond de la mer qui se soulève, émerge et se plisse pour former le plateau du Larzac et les garrigues actuelles.

The Hispanic stratum collided with southern Europe. As a result of this huge thrust the Pyrenean mountains sprang up and the sea bed was compressed against the older Massif Central mountains where it rose and emerged in folds to become what is now known as the Larzac plateau and the garrigue.

● Il y a **1 million** d'années. Un chasseur à deux pattes hante les collines et s'abrite dans les grottes (grottes de Lunel-Viel, de l'Hortus, etc.). On le nomme Neandertal.

A two-legged hunter who sheltered in caves (Lunel-Viel, Hortus, etc.) haunted the hills. His name was Neandertal.

● **30 000 ans** avant JC. Ce cannibale se civilise, se déplace en tribus et grave ses tableaux de chasse sur les parois rocheuses (Grotte Chauvet en Ardèche). On le nomme Cro-Magnon.

This hunter became more civilized, began to move around in tribes and painted hunting scenes on the walls of the caves in which he sheltered (Chauvet cave in the Ardèche). His name was Cro-Magnon.

● **5000 ans** avant JC. Le "Néolithique", ou "nouvel âge de la pierre", voit l'homme se sédentariser, cultiver du blé et des lentilles et élever les premiers moutons. Cette civilisation, homogène des Alpes jusqu'en Aquitaine, est dite "chasséenne".

During the Neolithic era the hunter began to settle and live a more sedentary life. He grew wheat and lentils and breeded the first sheep. This population of "Chasséens" was homogeneous from the Alps to the Aquitaine area.

Près des Lavagnes, le menhir de Lacan, totem de la fertilité.

● **2700 ans** avant JC. Les Chasséens abandonnent les garrigues montpelliéraines aux mystiques du "Ferrières". Pour honorer l'esprit de leurs morts, ceux-ci dressent des menhirs (menhirs d'Aubais, de Jouilles, de Lacan, etc.) et édifient sur les flancs de chaque colline de gigantesques sépultures de pierres sèches, appelées dolmens (dolmens du Pouget, de Rouet, du Lamalou, de Cazarils, de Coste-Rouge, etc).

The "Chasséens" left the garrigue surrounding the district of Montpellier to the mystic of the "Ferrières". Standing stones (Aubais, Jouilles, Lacan, etc) and dolmens (Le Pouget, Rouet, Lamalou, Cazarils, Coste-Rouge, etc) were erected in honor of the spirits of the deceased.

Le dolmen de Coste-Rouge, à Saint-Michel-de-Grandmond.

● **2200 ans** avant JC. Une nouvelle civilisation appelée "fontbuxienne" martèle le cuivre, s'adonne à la poterie, et réalise les premières forteresses en lauzes (les villages de Cambous, les enceintes de Lebous, de Boussargues).

A new civilization named "Fontbuxienne" beat copper, made pottery and built the first flat stone strongholds (Cambous, the walls of Lebous, Boussargues).

● **650 ans** avant JC. Les "oppidums" se multiplient près de la côte (Fabrègues, Castelnau-le-Lez, etc). Les "Septimaniens", les gaulois languedociens, commercent avec les marchands méditerranéens, italiens, étrusques et grecs (Agde, Lattes). Le fer arrive d'Autriche et confère aux armes une meilleure solidité, une meilleure efficacité. La société est dès lors avide de pouvoirs.

650 years B.C. Oppidums appeared near the coast (Fabrègues, Castelnau-le-Lez, etc). The "Septimaniens" or Languedoc Gauls began trading with the

L'oppidum d'Ambrussum, sur la rive droite du Vidourle, près de Lunel.

Etruscan, Italian and Greek merchants (Agde, Lattes). Iron arrived from Austria, much improving the quality and strength of weapons. The society began to seek power.

● **125** avant JC. Menacée par les Arvernes, les Celtes et les Ligures, la région appelle à la rescousse ses amis les Romains qui en profitent pour faire démonstration de leur force et coloniser toute la Gaule méridionale.

The Romans were called upon to protect the local population fearing the Arverns, the Celts and the Ligurians. This they did, but they also took this opportunity to colonize the whole of southern Gaul.

● **121** avant JC. Le proconsul Domitius fait aménager l'ancienne voie d'Hannibal qui relie Rome à l'Espagne. Plusieurs tronçons et ouvrages d'art de cette "Voie Domitienne" se retrouvent à Ambrussum, Le Crès, Montbazin, Pinet, et des villes entières surgissent le long de cet axe : Ambrussum, Sextantio, Murviel-lès-Montpellier, Loupian, Balaruc, etc.

The proconsul Domitius demanded that Hannibal's way, which ran from Rome to Spain, be improved. Entire towns (Ambrussum, Sextantio, Murviel-lès-Montpellier, Loupian, Balaruc, etc) appeared along the way at this time. Several sections of this "Domitienne" way have been rediscovered (Ambrussum, Le Crès, Montbazin, Pinet).

● **406.** Les Vandales envahissent la Septimanie, suivis, en 418, par les Wisigoths qui seront dirigés par le terrible roi Wamba en 672.

Vandals invaded Septimania, followed, in 418, by the Wisigoths who were later ruled by the terrifying king Wamba (672).

● **719.** Après avoir conquis toute l'Espagne, les Sarrasins passent les Pyrénées et se dirigent vers l'Aquitaine. La Septimanie n'est envahie qu'en 725.

After conquering Spain, the Saracens crossed over the Pyrenees and headed towards Aquitaine. Septimania, however, wasn't invaded until 725.

● **737.** Les troupes franques de Charles Martel reprennent le Languedoc aux Musulmans. Ils incendient et pillent à leur tour.

Charles Martel's Frankish troops recaptured the Languedoc from the Muslims.

● **801.** Charlemagne délivre Barcelone et met définitivement son pays à l'abri des incursions arabes. La "Paix Franque" contribue à l'essor de l'Eglise. De nombreux monastères bénédictins sont fondés (Aniane, Gellone, Saint-Thibéry) et s'enrichissent.

Charlemagne definitively delivered Barcelona from the Muslims and freed the country of any threat of further Muslim invasion. This "Frankish Peace" contributed to the development of the Church. Many Benedictine monasteries were founded and quickly began to prosper during this period (Aniane, Gellone, Saint-Thibéry).

Saint Benoît d'Aniane présente ici le plan de son abbaye à Saint Benoît de Nursie, le fondateur de l'Ordre des Bénédictins.

Entre Aniane et St-Guilhem, le Pont du Diable sur l'Hérault est le plus ancien pont roman de France.

naissance de la ville de Montpellier

● **985.** Le nom de Montpellier apparaît pour la première fois dans un texte où le comte Bernard de Melgueil (Mauguio) fait donation d'un manse de la "villa" nommée "Monte pestelario", à un certain Guilhem, le premier d'une longue lignée d'ambitieux "potentats méridionaux"…

The name of Montpellier appears for the first time in a text in which the earl Bernard de Melgueil (Mauguio) is said to have donated a manor attached to the "villa" "Monte pestelario" to a certain Guilhem, the first in line of a long succession of ambitious meridional potentates.

● **1091.** En un siècle, le lopin de terre de Montpellier devient une grande cité qui profite de la conjonction de quatre importantes voies de communication : le Lez (alors navigable) à l'est, la Voie Domitienne au nord, la "Cami Salinié" (la route du sel) au sud et la "Cami Roumieu" (le chemin de pèlerinage pour Saint-Jacques-de-Compostelle) pénétrant dans l'enceinte de la ville seigneuriale ("Montpellier") établie sur la butte de Notre-Dame des Tables (Place Jean-Jaurès), tandis que le bourg épiscopal où l'Evêque tient résidence ("Montpelliéret") conserve son caractère rural sur la butte de Saint-Denis. Montpellier se présente alors comme une importante "République marchande".

In as little as one century the plot of land from which Montpellier first emerged has become a big town, taking advantage of four main arteries: the river Lez (navigable at that time), the Domitienne way to the North, the "Cami Salinié" (the salt road) to the

South and the "Cami Roumieu" (the pilgrimage path to Santiago de Compostela) all of which enter within the walls of the seignorial city on the mound of Notre-Dame-des-Tables (Place Jean-Jaurès). Life in the episcopal town where the bishop lived (Montpelliéret) on the mound of St-Denis was more peaceful. At that time Montpellier was known as a major "Trading Republic".

● **1204.** Marie de Montpellier, fille de Guilhem VIII, épouse le roi d'Aragon Pierre II qui la délaisse aussitôt. Plus rusée que belle, elle réussit, selon la légende, à se substituer à une jeune gourgandine en se glissant à la faveur de la nuit dans les draps de son incorrigible époux. De cette réconciliation temporaire naît en 1208 le fameux Jacques 1er, dit "Le Conquérant".

Marie of Montpellier, daughter of Guilhem VIII, married the King of Aragon, Pedro II. He abandoned her more or less immediately but Marie, who was sly if not particularly attractive, apparently managed to slip into the King's bed one night in place of a loose woman. A son, the famous Jack I, better known as the Conqueror, was born in 1208.

● **1250.** Un "Studium" (Université) de Droit naît à Montpellier.

A "Studium" (University) of Law is opened in Montpellier.

● **1289.** L'Université de Montpellier (le "Studium general"), réunissant les écoles de Droit, d'Art et de Médecine, est fondée par décision du pape Nicolas IV. La théologie entre dans l'établissement en 1421.

The University of Montpellier, comprising the Schools of Law, Art and Medecine, is founded upon the decision of the Pope Nicolas IV.

● **1293.** L'Evêque de Maguelone, Bérenger de Frédol, vend le bourg de Montpelliéret à Philippe le Bel.

The bishop of Maguelone, Bérenger de Frédol, sold the town of Montpelliéret to Philippe le Bel.

● **1332.** La région connait la plus grave disette de son histoire. Les pauvres gens se nourrissent d'herbe crue durant tout l'hiver.

The area endured the worst famine in its entire history. The poor fed on grass through the winter.

● **1348.** Une épidémie de peste noire emporte le tiers de la population du Languedoc. Le fléau s'acharne ensuite épisodiquement sur les enfants jusqu'en 1384.

An epidemic of the black plague killed a third of the population of the Languedoc. Children continued to die from the plague episodically until 1384.

● **1349.** Jacques III de Majorque, ruiné, vend la seigneurie de Montpellier au roi de France, Philippe VI de Valois, pour 120 000 écus d'or. A l'intérieur de la "Commune Clôture", édifiée dès 1196, les deux bourgs réalisent enfin leur union politique.

Jack III of Majorca sold the seigneury of Montpellier to the king of France, Philippe VI de Valois, for 120,000 gold crowns. In the "Commune Clôture", a political document established as soon as 1196, the two towns agreed to unite.

● **1355.** Les hordes anglaises du Prince Noir effectuent des raids dévastateurs sur l'ouest de l'Hérault. Les "routiers", les troupes françaises désœuvrées et non payées de la Guerre de Cent Ans, incendient et pillent la région durant près d'un siècle. Les villages se dotent de solides enceintes fortifiées, en remplacement des palissades de bois des anciens "castrums".

The English hordes of the Black Prince rampaged through the west of the Hérault district. The idle and unpaid French troups of the Hundred Years War looted the area for nearly a century. The villages built high surrounding walls, replacing the wooden stockades of the old "castrums".

● **1440.** Jacques Cœur, développe le commerce à Montpellier en faisant de la ville le centre de ses affaires, notamment maritimes sur la Méditerranée. Argentier de Charles VII dès 1438, Jacques Cœur favorise la création de la "Grande Loge des Marchands" en 1447.

Jacques Cœur, trader and treasurer to Charles VII, developed Montpellier as a trading centre and contributed to the founding of the "Grande Loge des Marchands" in 1447.

● **1523.** Création de la Chambre des Comptes, puis du Bureau des Finances, géré par les Trésoriers de France, en 1577. Montpellier devient capitale administrative du Languedoc.

Founding of the Chamber of Accounts and then, in 1577, of the Finance Bureau, managed by the Treasurers of France. Montpellier became the administrative capital of the Languedoc.

● **1530.** Les idées de "La Réforme" sont véhiculées par les milieux universitaires et gagnent la ville. L'Université compte cette année-là un nouvel étudiant nommé François Rabelais. Celui-ci publie deux ans plus tard "Pantagruel" où il dépeint avec complaisance les beuveries des carabins montpelliérains. Nostradamus fréquente alors les mêmes bancs universitaires.

Est et ouest inversés, la ville et ses fortifications au XVIIe siècle.

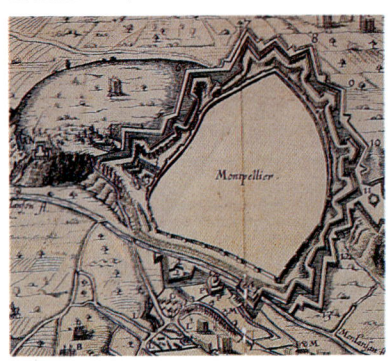

The ideas of "La Réforme" are discussed among the academics of the city. A new student named François Rabelais enrolled at University.

● **1536.** Le siège de l'Evêché est transféré de Maguelone à Montpellier.

The bishop's see is transferred from Maguelone to Montpellier.

● **1561.** Le pouvoir communal passe aux réformés qui saccagent une soixantaine d'églises papistes de la ville et de ses faubourgs.

Members of the Reformed Church took over the town and destroyed about sixty papist churches in the area.

● **1573.** Après avoir subi plusieurs sièges et de nombreuses mises à sac, la ville tente un régime d'"Union" (mixité de confession) à l'initiative du gouverneur catholique Henri de Montmorency-Damville.

Upon the initiative of the Catholic governor Henri de Montmorency-Damville, the town attempted to install a new union between confessions.

● **1593.** Henri IV confie à Pierre Richer de Belleval, alors titulaire de la chaire d'"anatomie et de démonstration des simples", la constitution d'un jardin botanique à l'Ouest de l'Université de Médecine, en remplacement de l'"hortulus".

Henri IV asked Pierre Richer de Belleval to found a botanical garden to the West of the University of Medecine, replacing the "hortulus".

● **1600.** L'Edit de Nantes est enregistré à Montpellier qui est alors l'une des plus importantes places protestantes de France. La ville participe notamment à l'insurrection de La Rochelle en 1621.

The "Edit de Nantes" was registered in Montpellier which had become one of the Protestant strongholds of France. The city took part in the insurrection of La Rochelle in 1621.

● **1605.** Théophraste Renaudot s'inscrit à son tour à l'Université de Médecine de Montpellier. Il fonde à Paris en 1631 "La Gazette", future "Gazette de France", le premier journal français.

Theophraste Renaudot was a student at the University of Medecine in Montpellier. In 1631 in Paris he founded the "Gazette", which later became the "Gazette de France", the first French newspaper.

● **1622.** Le 31 août, Louis XIII fait le siège de Montpellier au pied des nouveaux remparts construits par les protestants. Il pénètre dans la ville le 20 octobre puis, en 1624, fait construire une citadelle à l'est des remparts, afin de prévenir tout nouveau soulèvement. L'autorité royale se renforce sur l'administration.

On 31st August Louis XIII layed siege to Montpellier below the ramparts built by the Protestants. He entered the city on 20th October. In 1624 he built a citadel to the east of the ramparts so as to prevent any further insurrection.

Pierre Richer de Belleval.

● **1629.** L'architecte orléanais Simon Levesville s'établit à Montpellier et impose son style dans la construction des nombreux hôtels particuliers de la ville, commandés par la noblesse titulaire des différentes charges et offices de l'Etat.

Simon Levesville, an architect from Orleans, established himself in Montpellier and set about to impose his style in the building of many town houses ordered by the nobility in charge of the different administrative duties of the town.

Collusion entre la pharmacie, la médecine et la mort au XVIIe siècle à Montpellier.

● **1665.** Un port est créé de toutes pièces à Sète pour servir de havre à la Marine Royale en Languedoc. Son intérêt commercial profite aux négociants montpelliérains.

An entirely new port is built in Sète in order to harbour the boats of the Royal marine stationed in the Languedoc. The port is also used by the traders in Montpellier.

● **1666.** Début des travaux du Canal du Midi qui doit relier l'Atlantique, par la Garonne à Toulouse, à la Méditerranée, au tout récent port de Sète. Le projet fou de Pierre Paul Riquet, obscur percepteur de gabelle à Béziers, amuse un Colbert réticent à la dépense, mais enthousiasme Louis XIV. Riquet se ruine personnellement pour cet ouvrage colossal de 240 kilomètres et meurt avant sa mise en eau définitive en 1681.

Work on the Canal du Midi starts. The canal is due to link the Atlantic to the Mediterranean at the newly opened port of Sète. Pierre Paul Riquet's crazy project simply amuses Colbert, but Louis XIV is

Les prisonnières de la Tour de Constance, à Aigues-Mortes, personnifient la résistance protestante.

enthousiastic about the idea. Riquet personally ruins himself on this huge project. He dies before completion of the canal in 1681.

● **1685.** L'Edit de Nantes est révoqué. L'intendant de Basville tient le Languedoc d'une main de fer durant 30 ans, mais ne réussit pas à "éteindre entièrement l'hérésie" huguenote.

The "Edit de Nantes" is revoked. The administrator de Basville firmly rules the Languedoc for 30 years, but he does not manage to completely wipe out the Huguenot heresy.

● **1702.** Les pressions fiscales et les difficultés économiques conduisent les camisards de "L'Armée de l'Éternel" à prendre les armes. Cette "guérilla" bat son plein dans les Cévennes jusqu'en 1704.

Economic difficulties and high taxes push the "camisards" of the "Armée de l'Eternel" to take up arms. This troop of guerillas survived in the Cevennes until 1704.

● **1736.** Les premiers Etats Généraux du Languedoc siègent à Montpellier. L'économie du XVIIIe siècle est prospère. A la production traditionnelle du vin et de l'eau de vie, s'ajoute celle du verdet (vert de gris), des toiles peintes (les "indiennes"), des couvertures de laine (les "flassades"), du cuir, des colorants (le "vermillon" extrait de la cochenille du chêne kermès), etc. Les notables s'enrichissent et se font construire à la périphérie de la ville de luxueuses résidences champêtres, appelées aujourd'hui "folies".

The first Etats Généraux du Languedoc is established in Montpellier. The economy of the XVIIIth century is prosperous and the leading citizens build luxurious country houses in the outskirts of the city. These country pleasure houses are now better known as "follies".

● **1737.** Jean-Jacques Rousseau réside à Montpellier dans la rue qui porte aujourd'hui son nom.

Jean-Jacques Rousseau lives in Montpellier in the street that today bears his name.

● **1789.** Située loin des remous sanguinaires parisiens, la ville qui compte alors 32 000 citoyens, n'est secouée que modérément par la Révolution. Mais lors du morcellement de la France en départements, Montpellier passe du fructueux statut de capitale royale régionale à celui de simple chef-lieu départemental.

There are about 32,000 inhabitants in Montpellier at the time of the revolution. The city is not really affected by public unrest. But when the country is divided into Departments, Montpellier loses the privilege of being a Royal regional capital and becomes a much less important chief-town of the department of the Hérault.

● **1792.** Devant la Colonne de la Liberté, alors dressée sur l'Esplanade, François Mireur, capitaine de la garde nationale, réunit les volontaires montpelliérains pour le Bataillon des Fédérés de l'Hérault et entend pour la première fois "le chant de guerre pour l'Armée du Rhin", d'un certain Rouget de l'Isle. Il se rend ensuite à Marseille pour organiser la fusion des volontaires des deux villes puis remonter sur Paris. Il fait chanter à ses troupes durant tout le trajet le chant patriotique qui l'enthousiasma à Montpellier. Adopté par les Parisiens, cet hymne fédérateur venant du sud est baptisé "Marseillaise" plutôt que "Montpelliéraine".

François Mireur, captain of the Garde Nationale gathers the volonteers of the Federate Battalion of the Hérault in front of the Column of Liberty on the Esplanade and hears the "Rhine Army war song" by a certain Rouget de l'Isle for the first time. He then goes to Marseilles where he arranges to unite the volunteers of the two cities before setting off for Paris. The battalion sang the patriotic song all along the journey to Paris where it was immediately adopted by the Parisians. This federating hymn from the South was christened the "Marseillaise" rather than the "Montpelliéraine".

● **1825.** Le peintre François-Xavier Fabre, qui fut élève de David et Grand Prix de Rome en 1787, fait don à la ville de sa bibliothèque et de sa riche collection de peintures. Le Musée Fabre ouvre ses portes en 1828 et s'enrichit de la collection Bruyas en 1868.

The painter François-Xavier Fabre who was one of David's students and won the Rome Grand Prix in 1787, donates his valuable collection of paintings to Montpellier. The Fabre museum opened in 1828. In 1868 the Bruyas collection was donated to the museum.

Jules-Emile Planchon, triomphateur du phylloxéra.

● **1846.** Un nouveau Palais de Justice est construit à l'ouest des remparts et inaugure les bouleversements urbanistiques de la ville de la fin du XIXe siècle.

The new court of Justice is built to the west of the ramparts inaugurating a period of major urban development.

● **1850.** Le développement du réseau ferré favorise le commerce du vin qui s'ouvre alors à l'exportation.

The expanding railway network is a boost to the wine trade which begins to look to the export market.

Le laboratoire de recherche de l'ancien Institut de Botanique de Montpellier.

● **1862.** A l'image des "Grands Boulevards", tracés par Hausmann à Paris, une large artère centrale doit traverser le réseau complexe des ruelles médiévales de Montpellier et relier les jardins du Peyrou à l'Esplanade. La Rue Nationale, aujourd'hui rue Foch, est percée de 1878 à 1887, puis prolongée par la Rue de la Loge.

Inspired by the "Grands Boulevards" of Hausmann in Paris, a big wide Rue Nationale (now the Rue Foch) is gradually cut through the narrow medieval streets of Montpellier from 1878 to 1887. The Rue de la Loge is a later addition.

● **1873.** Le phylloxéra qui ravagea le vignoble de la vallée du Rhône en 1863 et fut reconnu par Jules-Emile Planchon en 1868, atteint celui de l'Hérault.

Jules-Emile Planchon manages to identify the phylloxera parasite in 1868 but, as there is no known method to prevent it from spreading, the disease reaches the vineyards of the Hérault 10 years after its first occurrence in the Rhône valley, where the vineyards were totally destroyed.

● **1878.** Des greffes effectuées sur des pieds américains permettent de reconstituer le vignoble.

Vines are grafted to phylloxera resistant American vine stocks and farmers begin replanting their vineyards.

● **1884.** Agé de 13 ans, le sétois Paul Valéry entre en classe de 3ème au lycée de Montpellier. Le poète séjourne 10 ans dans la ville où, notamment, il se lie d'amitié avec André Gide.

Native of Sète, Paul Valéry goes to school in Montpellier at the age of 13. He lives in the town for 10 years and makes friends with André Gide.

● **1889.** Une loi élargit la définition du vin en autorisant notamment l'addition de sucre de betterave et tout couplage avec des productions étrangères. D'importants capitaux français sont alors investis dans les vignobles algériens, plus rentables.

A new wine defining law is voted. Winemakers are allowed to add beet sugar and blend their produce with foreign wines. The French invest in the more profitable Algerian vineyards.

● **1901.** Pour pallier la crise de mévente du vin en Languedoc, les petits producteurs se regroupent. La première coopérative est fondée par les socialistes à Maraussan.

In an attempt to mitigate the poor sales of Languedoc wines, a group of small farmers get together. The first cooperative winery is founded by the socialists in Maraussan.

● **1906.** La loi Combes promulgue la séparation de l'Eglise et de l'Etat qui se traduit par l'inventaire et la confiscation de nombreux biens religieux par des troupes populaires revanchardes.

The Combes law promulgates the separation of the

Le peintre François-Xavier Fabre.

Cliché F. Jaulmes / Musée Fabre

Le grand meeting viticole du 9 juin 1907. Ici 500 000 manifestants sur la Place de la Comédie et la rue de la Loge.

Church from the State. An inventory of religious possessions is carried out but many are confiscated by thieving gangs in revenge.

● **1907.** Un grand meeting de protestation est organisé à Montpellier et rassemble, sous la harangue de Marcelin Albert, 500 000 personnes sur la Place de la Comédie.

Marcelin Albert addresses 500,000 people on the occasion of a protest meeting at the Place de la Comédie.

● **1917.** Jean Moulin s'inscrit à la faculté de Droit de Montpellier.

Jean Moulin enrols at the Faculty of Law in Montpellier.

● **1928.** Natif de Celleneuve, l'anarchiste Léo Malet se présente aux élections de la Ville comme candidat antiparlementaire... Il deviendra, en créant le détective Nestor Burma, un des grands maîtres du roman policier français.

The anarchist Léo Malet who was born in the village of Celleneuve in the outskirts of Montpellier, stands as an anti-parlementary candidate at the municipal elections.

● **1940.** Claude Lévi-Strauss est nommé professeur de philosophie à Montpellier, puis est révoqué. Les lois antisémites du gouvernement de Vichy l'obligent à s'exiler vers les Cévennes.

En 1931, la mirifique Grotte des Demoiselles s'ouvre au grand public.

La même année, un lycéen passe pour la cinquième fois son bac à Montpellier et le réussit. A l'occasion d'une audition accordée dans la ville par Robert Vidalin de la Comédie Française, ce bachelier particulièrement frondeur se fait remarquer en déclamant du Cyrano. Michel Galabru débute alors sa carrière d'acteur.

Claude Lévi-Strauss is nominated and then dismissed from a post as professor of philosophy in Montpellier. The anti-Semite laws of Vichy force him into exile in the Cévennes.

● **1943.** Le prince Rainier de Monaco passe discrètement son baccalauréat à Montpellier. L'année précédente, Rainier Grimaldi joua au théâtre municipal "Les Jours Heureux", une pièce de théâtre qu'il monta lui-même avec quelques camarades. Il succède à son père sur le rocher en 1949 puis épouse en 1956 l'actrice américaine Grace Kelly…

The prince Rainier of Monaco sits his baccalauréat exam in Montpellier. The previous year, Rainier Grimaldi could be seen at the municipal theatre where he played a part in a play "Les Jours Heureux" that he staged with schoolfriends of his. He took over from his father in Monaco in 1949 and married Grace Kelly in 1956.

● **1946.** Epouse du roi Emmanuel III, Hélène d'Italie fuit son pays qui se proclame République et s'établit dans un palais montpelliérain, rue du Clos-René, aujourd'hui Hôtel Alliance-Métropole. Elle repose au cimetière Saint-Lazare depuis son décès en 1952. Chaque 28 novembre, une délégation de monarchistes italiens se déplacent à Montpellier pour célébrer l'anniversaire de la mort de leur reine.

Helen of Italy, spouse of King Emmanuel III, flees her country and sets up residence in a palace in the Rue du Clos-René, now the Hotel Alliance Métropole. She dies in 1952 and rests in the St-Lazare cemetary. Each year, on the 28th November, a delegation of Italian monarchists come over to Montpellier to commemorate the anniversary of the death of their queen.

● **1953.** Une nouvelle flambée de colère secoue le monde viticole de la région. Les Français boudent le "gros rouge" et se prononcent pour des crus plus bourgeois. L'heure de la reconversion des cépages et des méthodes de vinification est alors sonnée.

Languedoc farmers are angry again as sales of their "gros rouge" low quality table wines plummet. The time has come for wine growers to switch to better varietals and improve winemaking techniques.

● **1962.** Au lendemain des Accords d'Evian, les premiers rapatriés d'Afrique du Nord arrivent à Montpellier ; parmi eux, la future actrice Nicole Garcia.

Following the Evian accord, the first repatriates from North Africa arrive in Montpellier.

Michel Galabru et Nicole Garcia, deux "Clapassiers" (on dit aussi "Clapassiens").

● **1964.** Pour parer au logement de ces 13 000 nouveaux habitants, une cité nouvelle de 260 ha est construite sur le domaine du Mas de La Paillade, vendu par Jean de Baroncelli et l'actrice Sophie Desmaret, sa femme. La ville prend alors un nouvel essor et s'accroît de 43 000 personnes jusqu'en 1968.

In order to provide accommodation for these 13,000 new inhabitants a new town (260ha) is hastily built on the site of the Mas de Portaly de la Paillade. The population of Montpellier increases by about 43,000 between 1964 and 1968.

● **1965.** Dans cette dynamique, l'usine IBM ouvre ses portes à la Pompignane en créant plus d'un millier d'emplois. De nombreux centres de recherche et de nouvelles universités s'établissent ensuite aux abords de la ville : des laboratoires pharmaceutiques à la ZOLAD, le complexe agro-

La reine Hélène d'Italie, au cimetière St-Lazarre.

nomique d'Agropolis ainsi que le GERDAT (centre de recherche dans l'agronomie tropicale) au nord du parc zoologique de Lunaret. Plus de 50 de ces centres sont associés au CNRS et ajoutent leur rayonnement international à celui, traditionnel à Montpellier, de la médecine.

IBM opens an assembling plant at la Pompignane providing jobs for about 1,000 workers. Numerous research centres and new universities are established within the vicinity of the town: pharmaceutical laboratories at la ZOLAD, the agronomic centre of Agropolis and GERDAT (tropical agronomy research centre) to the north of the zoo, etc. Over 50 centres have ties with the the CNRS (National Centre for Scientific Research), all of which add to the international development of Montpellier, already a reputable medical centre.

● **1975.** Inauguration du Centre Commercial du Polygone.

The Polygone covered shopping centre is opened.

● **1977.** Elections municipales. Le socialiste Georges Frêche bat François Delmas, le maire sortant depuis 1959.

Municipal elections. François Delmas, who has been mayor of the town since 1959, is defeated by a socialist, Georges Frêche.

● **1982.** Après trois ans de gestation, le vaste chantier d'Antigone s'ouvre à l'est de la ville sur des plans de Ricardo Bofill. Ce nouveau quartier de 1 800 logements relie aujourd'hui le Polygone aux rives du Lez où miroitent les reflets de l'immense Hôtel de Région inauguré quant à lui en 1988.

Work begins on the building site of Antigone, to the east of the town centre. This major housing development project was designed by the architect Ricardo Bofill. Today there are 1,800 apartments spreading from the back of Polygone (the shopping centre) to the banks of the river Lez and the huge Hotel de Région (1988).

● **1990.** Inauguration du Corum

The Corum congress hall is inaugurated.

● **1992.** La municipalité de Palavas installe dans la Redoute de Ballestras, le musée Albert Dubout. L'illustre dessinateur humoristique fut élève à l'Ecole des Beaux-Arts de Montpellier de 1922 à 1924. Avant de décéder à Saint-Aunès en 1976, il laissa crisser son crayon dans tous les journaux parisiens et illustra la littérature, le cinéma, la corrida, les chats, les bains de mer et …le petit train de Palavas.

The Albert Dubout museum is opened in the Redoute de Ballestras by the council of Palavas. Albert Dubout was a popular cartoonist who studied at the Montpellier College of Art from 1922 to 1924. His cartoons were to be seen in all the Parisian papers and he would draw anything from a bullfight, cats, people bathing on the beach, to… the little Palavas train.

● **1997.** Montpellier en quelques chiffres :

20 000 habitants, au XVe siècle et 35 000 à la sortie de la Révolution. La ville en compte 97 500 en 1954 et se gonfle jusqu'en 1968 de 45 000 pieds-noirs et harkis, chassés par l'Indépendance de l'Algérie. Accueillant depuis les nouveaux Montpelliérains au rythme de 20 000 par an (soit +1%), le "Clapas" réunit aujourd'hui plus de 220 000 âmes. L'explosion de l'"entreprenante" "surdouée" profite également aux villages environnants au point que le bassin d'emploi de Montpellier est évalué à 400 000 habitants. Continuant dans cette

Le petit train de Palavas, cher au dessinateur montpelliérain Albert Dubout.

Il est au nord du village de Murles, une forêt, celle de Valène, dont le bois, vendu pour le chauffage, fit au Moyen Age la fortune du mas de Caravètes. Depuis la vente au XIIIe siècle de cette baronnie aux consuls de la ville, les aînés de chaque famille de souche montpelliéraine peuvent revendiquer le titre de baron de Caravètes et se faire introniser avec la pompe cocasse qui est de mise dans toute confrérie.

lancée, l'agglomération devrait compter 750 000 personnes en l'an 2020…
Un nouveau venu sur trois est un étudiant et un sur deux est d'origine nordique ou parisienne. Enfin, un habitant sur trois n'habitait pas sous le soleil montpelliérain huit années auparavant. Entraîné par le dynamisme de Montpellier, le Languedoc-Roussillon est passé en trente ans de la 17e à la première région la plus attractive de France. Certains journalistes osent des comparaisons avec la Floride.

Montpellier facts and figures :

20,000 inhabitants in the XVth century, and 35,000 at the end of the Revolution. In 1954 the population had grown to 97,500. In the late 50s and early 60s the town took in about 45,000 "pieds-noirs" and harkis, fleeing from the Algerian War of Independence. Today Montpellier welcomes about 20,000 new residents each year (i.e. +1%). The "Clapas" now has a population of more than 220,000 inhabitants. This incredible development has spread to the surrounding villages and it is estimated that the basin of Greater Montpellier has a population of about 400,000 inhabitants. If the population continues growing along these lines, there will be 750,000 people in the area by the year 2020…
One newcomer in three is a student and one in two comes from the north or from Paris. Lastly, one inhabitant in three did not live in Montpellier eight years ago. As a result of the incredible development of Montpellier, the Languedoc Roussillon has moved in the past thirty years from the 17th to the 1st most attractive region of France. Some journalists have even compared Montpellier with Florida.

la place de la Comédie

La place de la Comédie, communément appelée l'"Œuf", est aujourd'hui l'une des plus grandes places piétonnières d'Europe et constitue, entre les rues marchandes du centre historique, la gare et les centres commerciaux du Triangle et du Polygone, le passage obligé des Montpelliérains. Les anciens se souviennent encore de la circulation intense qui faisait ici la ronde autour d'un vaste refuge ovale où l'on se donnait rendez-vous pour, disait-on, "faire l'Œuf". Le souvenir de cet espace a été matérialisé au sol par une ligne de marbre rose lorsqu'en 1963, la place fut entièrement recouverte de marbre de Carrare pour être livrée, en première exclusivité, aux jambes alertes des Montpelliéraines.

The Place de la Comédie, commonly referred to as the "Œuf", is now one of the biggest pedestrian precincts in Europe but many of the more senior citizens remember all too well when the square was just a busy and noisy oval shaped roundabout for traffic. This oval shape is materialized today by a simple line of pink marble in the paving of the square.

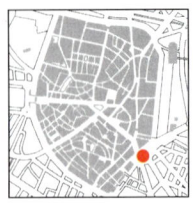

La bourgeoisie du XIXème siècle aime les arts et le beau sous ses formes les plus ostensibles. Aussi, lorsqu'il est question de reconstruire sur la place un troisième théâtre sur les ruines encore fumantes du précédent, choisit-on le projet le plus ambitieux, le plus cher aussi, celui de Bernard Cassien. Elève du fameux architecte Garnier, Cassien réalisa pour les Montpelliérains une copie quasi conforme de l'Opéra de Paris, avec ses colonnes corinthiennes et ses frontons néo-classiques, ses décorations sculptées et ses lanternes baroques, ses verrières et ses escaliers monumentaux, ses plafonds peints et sa salle « à l'Italienne ». Autant de marches, de vestibules d'apparat et de balcons d'ors et de velours où se retrouvaient les fortunes et les notabilités de l'époque.

The bourgeoisie of the XIXth century loved the arts and the openly beautiful. Thus, after the theatre was burnt down for the second time it was immediately decided that it should be rebuilt. Bernard Cassein, a student of the well known architect Garnier, submitted an ambitious project and got the job. The new theatre was virtually a true copy of the Opera of Paris, complete with its Corinthian pillars, neo-classical façade, sculpted decorations, huge stairs, painted ceilings and hall « A l'Italienne ».

L'allégorie sculptée qui encadre l'horloge de l'Opéra Comédie est l'œuvre d'Injalbert dont nous retrouverons à l'entrée du Peyrou les «Amours domptant la Force», tandis que les masques et décorations de la façade sont dus au ciseau de Baussan qui représentera, quant à lui, l'«Agriculture et le Commerce» sur le fronton de la Préfecture.

The sculpted allegory surrounding the clock is the work of Injalbert, as are the «Amours domptant la Force» at the entrance to the Peyrou gardens. The other decorations on the façade of the theatre and «L'Agriculture et le Commerce» at the front of the Préfecture were sculpted by Baussan.

La place de la Comédie tient ce nom depuis la construction en bois du premier théâtre en 1755, mais elle constitue elle-même la plus vaste scène de spectacle de la ville. Les cafés alignent ici leurs tables et leurs fauteuils comme des places d'orchestre et proposent à leurs clients la chorégraphie perpétuelle des passants tandis que les musiciens et les artistes de rue profitent de l'aubaine pour faire la démonstration de leurs talents.

Square known as the Place de la Comédie ever since the first theatre was built out of wood in 1755. The Comédie is really a theatre in itself. Indeed, the cafes' rows of tables and chairs are like orchestra stalls where customers can enjoy the perpetual choreography of passers-by, musicians and street artists.

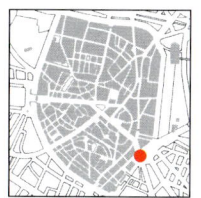

Aglaé, Euphrosine et Thalie, les trois jolies grassouillettes emblématiques de Montpellier, sont nées en 1776 dans un atelier de la rue des Etuves, d'un bloc de marbre de Carrare évidé par le burin du statuaire Etienne d'Antoine. Jugées trop chères car certainement trop belles au goût des comptables de la municipalité de l'époque, les trois préférées du harem d'Apollon durent attendre d'être confirmées déesses de la beauté deux ans plus tard par un panel d'experts, avant que la facture ne soit acceptée. Désargentée, la ville dut se résoudre, pour régler sa dette, à verser jusqu'à sa mort une rente viagère au maître sculpteur. Le socle de marbre blanc que l'on appelle non sans ironie "le couvercle du sucrier", fut récupéré d'une première statue de Louis XIV mise à terre au lendemain de la Révolution. Souillées par les pigeons et les gaz d'échappement, les Trois Grâces se réfugièrent en 1989 dans le grand hall de l'Opéra-Comédie et confièrent leur rôle au centre de la place de l'Œuf à des doublures.

Les Trois Grâces, the three beautifully chubby and emblematic girls of Montpellier were sculpted by Étienne d'Antoine in 1776. The marble base, otherwise known as the 'sugar basin lid' was retrieved from a first statue of Louis XIV which was brought down after the Revolution. In 1989 the Trois Grâces were moved from the centre of the Place de la Comédie into the main hall of the Opera Comédie for protection. Copies were erected in their place.

La fin du XIXe siècle vit naître le long des nouvelles grandes artères du "Clapas" (les "haussmaniennes" rues Foch, de la Loge et Maguelone) ainsi qu'autour de la place de la Comédie, les façades les plus imposantes de la ville, à la fois baroques et ostentatoires, flanquées de pilastres et de colonnes néoclassiques, de guirlandes et d'agrafes sculptées, ornées de mosaïques rutilantes, de cariatides, d'atlantes et de lourds balcons aux grilles ouvragées. Aux heures glorieuses de la viticulture languedocienne, les modèles architecturaux les plus prisés étaient parisiens.

"Haussman-like" boulevards were cut through the town towards the end of the 19th century. During the heyday of viticulture in the Languedoc the architectural model was to be found in Paris. Around the Place de la Comédie buildings were ostentatiously decorated with pillars, caryatids, atlantes and heavy balconies.

Ce goût présida, nous l'avons vu, au choix de l'Opéra Comédie. Il en fut de même pour les résidences privées de la haute bourgeoisie, pour ses immeubles de rapport, ou encore pour les temples du commerce et de la modernité que furent les premiers grands magasins.

Many other town houses and even the first big department stores were decorated in this ostentatious manner, as shown here.

Quelques exemples fameux, parmi d'autres : face au théâtre l'Hôtel du Midi A (Boudes et Carlier, 1909) et la banque Courtois B (l'ancien Café de la Rotonde), rue Maguelone les immeubles proches de la BNP (Edmond Leenhardt, 1920) et du "Capoulié", autrefois "Grand Magasin Paris-Montpellier" C (Soreau, 1897), sur la Comédie l'impressionnante falaise rococo de l'immeuble Lonjon dont le dôme d'angle percé d'œils-de-bœuf fut aussitôt surnommé le "scaphandrier" D (1898). Quant au monstrueux Saint-Honoré de pierre de l'actuel cinéma Gaumont dont l'architecture intérieure est entièrement métallique, il abrita lors de son inauguration, la veille de Noël 1898, les "Nouvelles Galeries", puis les "Galeries Lafayette" (Boudes et Carlier).

Un riche propriétaire de loge à l'Opéra-Comédie s'offrit même chez lui (6, rue Boussairolles), le luxe d'une cage d'escalier décorée de mosaïques et de marbres polychromes à la manière du Palais Garnier A. Mais à deux pas de là, au fond de l'Esplanade, c'est le granit rose qui prévaut pour le parement des étraves du dernier vaisseau de la connaissance et de la culture de la ville. Inauguré en 1990, le Corum est une œuvre de Claude Vasconi (le créateur du Forum des Halles, de l'immeuble de Canal + et de différents centres culturels français), à la fois Palais des Congrès et Opéra B.
Entièrement monté sur ressorts pour amortir lors des concerts les vibrations dues au passage tout proche du TGV, ce paquebot offre dans ses cales, à la danse, au théâtre et à la grande musique, plusieurs salles de représentation (Einstein 300 places, Pasteur 800 places et Berlioz 2000 places).

Following the example of the Palais Garnier in Paris a wealthy landowner even had the stairway of his home decorated with colourful marble and a mosaic (6 Rue Boussairolles). But, only a short distance from there, at the other end of the Esplanade, slabs of pink granite decorate the Corum, the city's congress hall. Designed by Claude Vasconi (also the designer of the Forum des Halles in Paris) the Corum was opened in 1990. The building is entirely mounted on springs to avoid vibrations caused by the TGV railway line nearby. Inside there are several concert halls. (Einstein 300 seats, Pasteur 800 seats, Berlioz 2000 seats).

© Photo Mairie de Montpellier

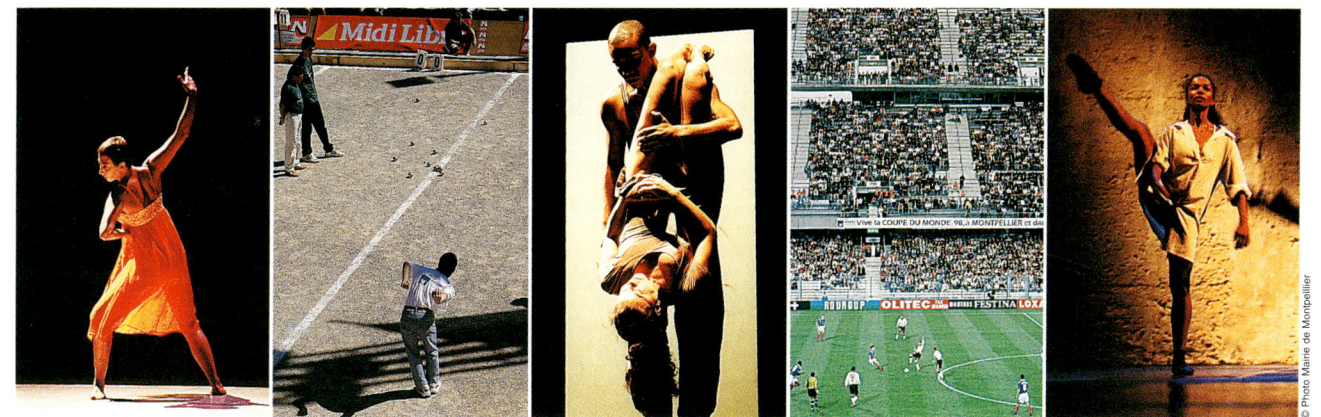

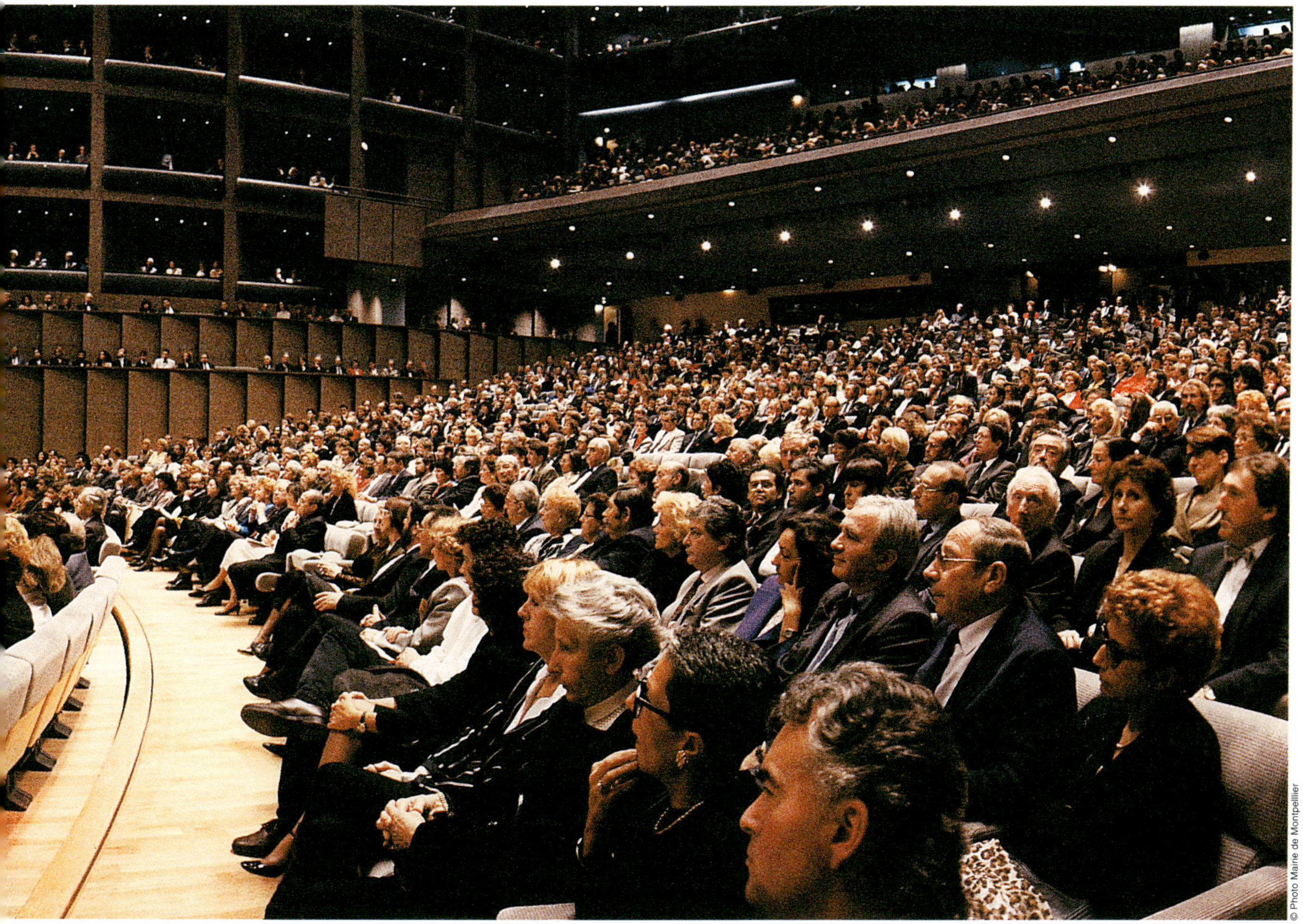

© Photo Mairie de Montpellier

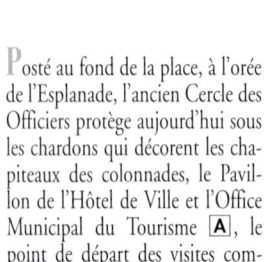

Posté au fond de la place, à l'orée de l'Esplanade, l'ancien Cercle des Officiers protège aujourd'hui sous les chardons qui décorent les chapiteaux des colonnades, le Pavillon de l'Hôtel de Ville et l'Office Municipal du Tourisme A, le point de départ des visites commentées de la ville.

Un rapide crochet sous les platanes des jardins du Champ de Mars pour compatir, derrière le kiosque Bosc (premier ouvrage français de cette importance en béton armé, 1925), à la souffrance de Marsyas, une œuvre signée en 1904 par Jacques de Villeneuve B. De marbre face à son martyre, trois jeunettes offrent leur nudité aux regards des promeneurs. La plus proche lui est contemporaine et tourne le dos aux colverts qui batifolent sur le plan d'eau C ("La Prairie" de Daillon). La seconde s'inscrit en réserve sur le monument à Jean Jaurès D et la troisième affronte "Le Vent" au centre de l'Esplanade E (Baldini, 1991). Trois époques, trois plastiques, trois idéalisations de la femme.

le quartier aragonais

Nous quittons maintenant la Comédie pour profiter de la fraîcheur des rues de l'Ecusson, le cœur historique de la cité, encore appelé "Clapas" dont la signification obscure ("tas de cailloux") a sans doute un rapport avec l'état présenté par la ville lors des guerres de religion. A moins que, selon l'historien Roland Jolivet rappelant que "Clapas" signifie aussi en occitan "clapier", le Montpellier médiéval, drainé par un dédale complexe de ruelles étroites et sinueuses, ne fût autrefois comparé à un ténébreux terrier de lapin... Nous rejoignons tout d'abord l'ancien Hôtel Saint-Côme, où siège l'actuelle Chambre de Commerce, par la grand-rue Jean-Moulin, la rue commerçante de tout temps la plus fréquentée par les "Clapassiers". Nous pouvons aussi rejoindre la fontaine de la placette par l'étroite rue du Cygne qui prend naissance derrière l'Opéra-Comédie, au coin de la librairie Molière. Nous devons ce splendide édifice néoclassique au chirurgien personnel de Louis XV, M. de La Peyronie, qui légua à ses collègues du Clapas, la fortune nécessaire à l'édification dans sa ville natale d'un prestigieux amphithéâtre anatomique (Jean-Antoine Giral, 1757).

Leaving the Place de la Comédie and heading towards the cooler streets of the "Ecusson", the heart of the old town. The old Hotel St Côme, now the Chamber of Commerce, is about half way down the Grand-rue Jean Moulin. This street has always been one of the busiest and most attractive shopping streets of Montpellier. You can also get to the Hotel St Côme by walking along the side of the Opera-Comédie. On the corner of the Molière bookshop, turn left into the narrow Rue de Cygne. This splendid neo-classical building was originally built for Mr de La Peyronie, Louis XVth's personal surgeon.

Le quartier aragonais s'inscrit en carré entre le boulevard du Jeu-de-Paume, de la grand-rue Jean-Moulin et des rues Saint-Guilhem et de la Loge. Il doit son nom aux rois de Majorque et d'Aragon qui possédèrent Montpellier de 1204 à 1349. La cité fut en effet donnée en dot à Pierre II d'Aragon lors de son mariage avec Marie de Montpellier, la fille unique de Guilhem VIII. Une rue du quartier porte le nom de leur fils Jacques 1er d'Aragon et plusieurs maisons se qualifient Palais des rois de Majorque alors que ces Seigneurs de Montpellier résidaient en réalité dans l'ancien Palais des Guilhem, à l'emplacement de l'actuel Palais de Justice. L'histoire raconte notamment que Jacques 1er, dit "Le Conquérant", assassina son page au N° 10 de la rue de l'Aiguillerie, pour une malheureuse tache sur son habit. L'époque n'était pas à la pitié.

The Aragonese area is surrounded by the boulevard Jeu de Paume, Grand-rue Jean Moulin, Rue St Guilhem and Rue de la Loge. The name Aragon dates back to the kings of Majorca and Aragon who owned Montpellier from 1204 to 1349. Indeed, the city was donated to Pedro II of Aragon on the occasion of his marriage to Marie de Montpellier, the only daughter of Guilhem VIII. Several houses are known as Palaces of the kings of Majorca but actually these lords lived in the old Guilhem Palace, where the law courts now stand.

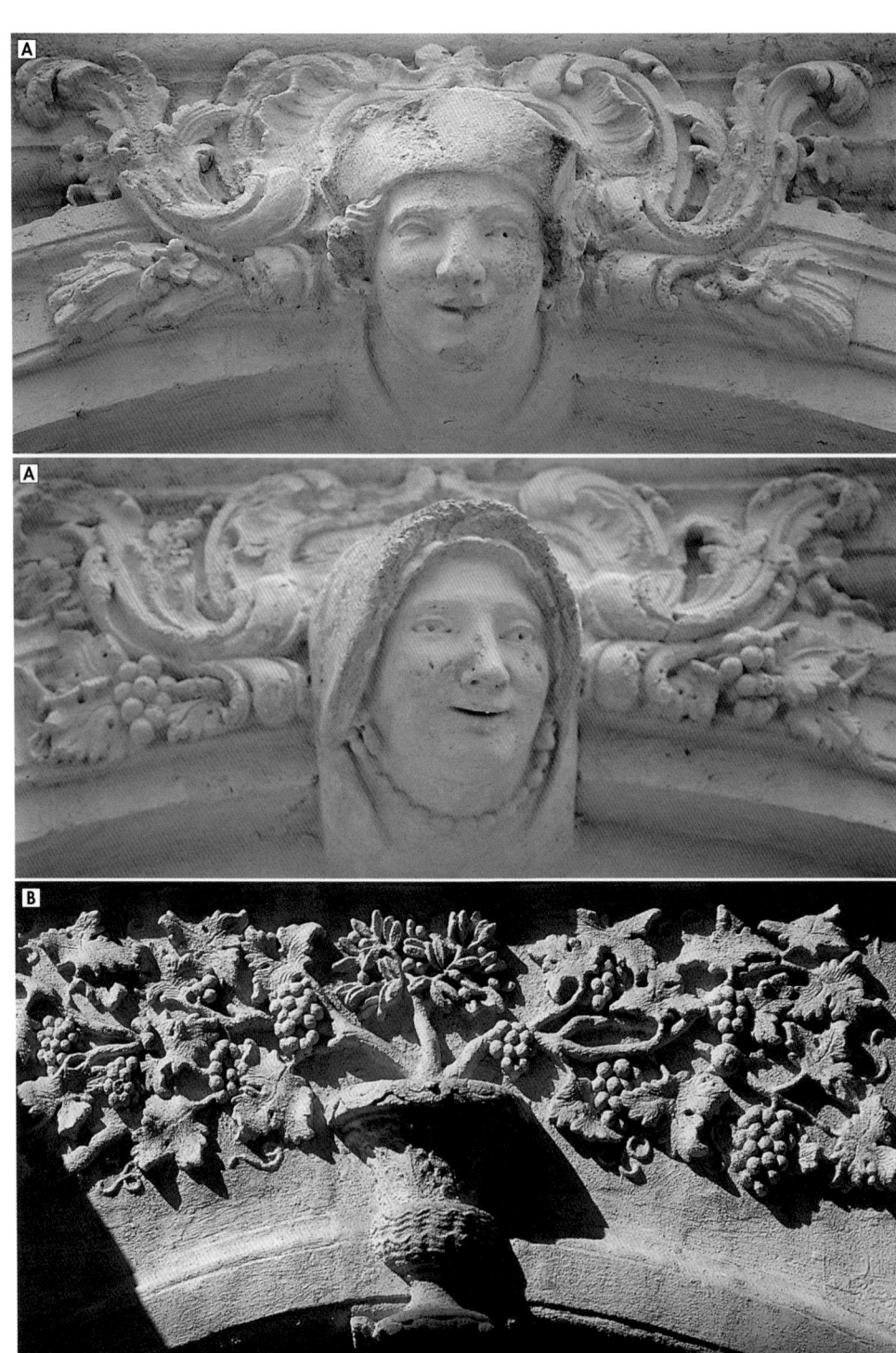

De part et d'autre des ruelles piétonnières se succèdent les commerces de luxe, souvent sous d'admirables voûtes d'ogives gothiques. Chacun lève ici le nez pour repérer sur les façades, les ferronneries des balcons, les fenêtres renaissance à meneaux et les agrafes sculptées de figures humaines ou d'animaux fantastiques, comme ici ces deux visages, dans la cour de l'Hôtel Hostalier-de-Saint-Jean, impasse Barnabé A (XVIII). Grand-rue Jean-Moulin, retrouvez entre deux boutiques, au N°14, l'admirable linteau sculpté de l'Hôtel du Cep B (XVIII) et ouvrez au N°25, face à la Chambre de Commerce, le portail de l'Hôtel de Fourques C (1720) pour admirer la splendide véranda aménagée dans la cour intérieure au siècle dernier.

Narrow streets within the pedestrian precinct. Splendid gothic vaults are a splendid setting for many of the more upmarket shops here. Ironmongery on the balconies, Renaissance windows and human faces and imaginery animals carved into the keystones, as here, in the courtyard of the Hôtel Hostalier-de-St-Jean, Impasse Barnabé. Between two shops, N°14 Gd Rue Jean Moulin, a wonderful sculpted lintel. At N°25 of the same street, open the door to the Hôtel de Fourques (1720) and admire the splendid 19th century verandah in the yard.

A

ART CONTEMPORAIN
B

C

PROPRIETAIRE LOUE
SANS COMMISSION
66 21 35 05
D

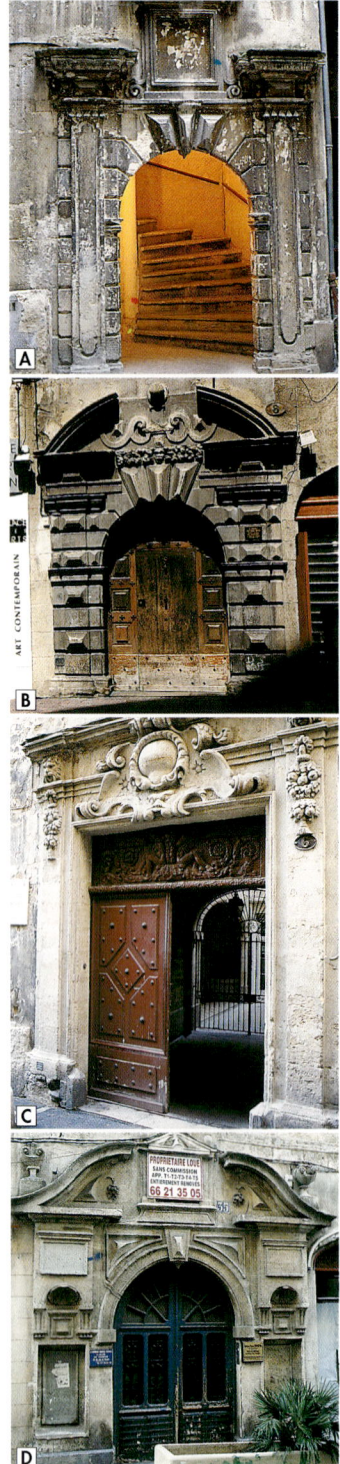

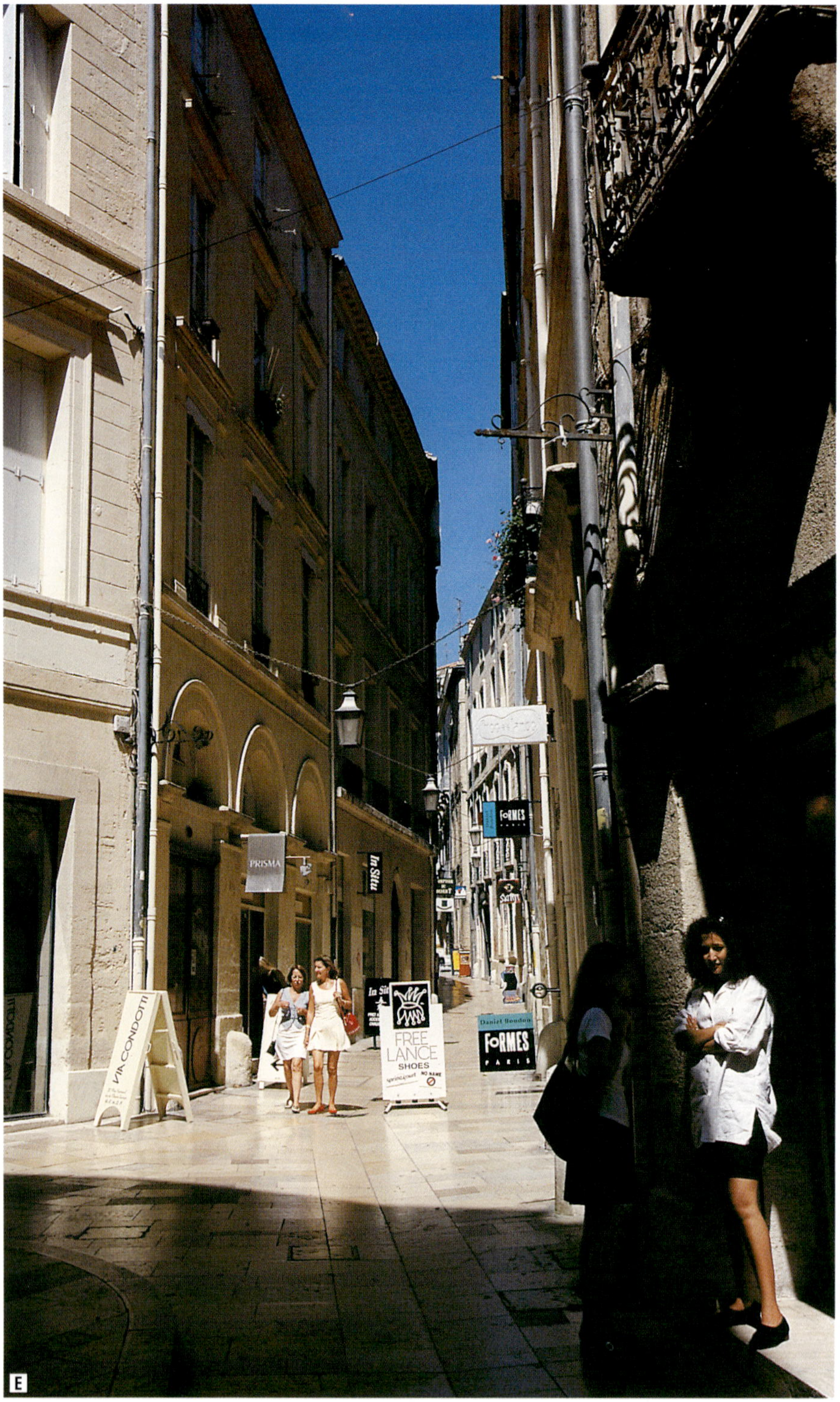
PRISMA
In Situ
FORMES
VIA CONDOTTI
FREE LANCE SHOES
Daniel Boudon
FORMES PARIS
E

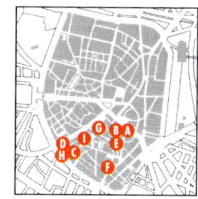

Des portes à pousser pour admirer les décorations des cours intérieures des hôtels particuliers de l'Ancien Régime. Des ruelles pour les emplettes ou pour quelques flâneries médiévales.

A Derrière la porte gothique du Palais des Rois d'Aragon, le lieu du crime, N°10, rue de l'Argenterie (XIV).

B La porte à bossages de l'hôtel Hostalier voisin (XVII).

C L'hôtel Fizes et son imposte de bois sculpté, N°6, rue du Puits-du-Temple (XVII).

D L'hôtel de Ricard, N°35, de la rue commerçante Saint-Guilhem (XVII).

E La très chic rue de l'Ancien-Courrier, autrefois appelée rue des Anes lorsqu'elle fut la transversale commerçante de la ville d'où partait le courrier. Vers la droite, au N°13, se tient l'hôtel Lecourt, le "Bureau des Lettres" et domicile du directeur des postes, Etienne Lecourt, dès 1717.

F Le dôme de l'hôtel Saint-Côme depuis la rue Cope-Cambes, en occitan "coupe-jambes", ainsi nommée pour évoquer les dissections pratiquées au fond de la rue, sous la coupole de cet illustre amphithéâtre d'anatomie.

G La rue du Bras-de-Fer et son passage voûté (XIV-XV), l'un des derniers exemples de passage sur rue dont la multiplication au Moyen Age donnait à Montpellier l'aspect d'un vaste terrier.

H La rue des Balances et la rue des Gagne-Petit **I** dont le nom provient de l'étal d'un petit artisan rémouleur.

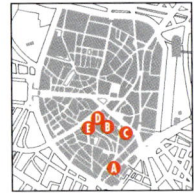

Depuis la création à Montpellier, en 1523, de la Chambre des Comptes puis du Bureau des Finances, gérés par les Trésoriers de France, d'immenses fortunes se constituent et les palais se multiplient jusqu'à la Révolution, dans la ville et la proche campagne. La noblesse, titulaire de ces charges, perçoit alors pour elle-même jusqu'à 6 % des impôts. En 1586 les "Statuts des Maçons et Architectes" sont établis et l'on dresse à Montpellier une liste de 31 "Maistres-maçons". L'architecte Simon Levesville impose son style jusqu'en 1645 en remaniant les plus belles demeures médiévales pour leur donner de l'apparat et les adapter au mode de vie des officiers royaux. Il dote les hôtels particuliers d'une cour intérieure donnant sur une somptueuse cage d'escalier ouverte, intégrée au corps du bâtiment. Ces cours, autrefois "caladées" (dallées de silex disposés sur la tranche), sont veillées par les regards d'admirables statues, agrafes et mascarons sculptés.

In 1523 the Chamber of Accounts and Finance bureaus were established in Montpellier. The nobility received up to 6% of the taxes collected by the Treasurers of France. Many fortunes were made in and around Montpellier up until the Revolution. The architect Simon Levesville imposed his style until 1645. He altered many of the bigger medieval dwellings, adapting them to the lifestyle of the royal officers. Courtyards were improved and decorated with statues of all types. It was also at this time that many of the magnificent open stairways were added to the town houses.

Quelques exemples du quartier aragonais :
A L'hôtel de Duranti (XVIII), N°33, grand-rue Jean-Moulin. **B** L'hôtel de Ginestous (XVII), N°15, rue des Trésoriers-de-la-Bourse. **C** Rue de la Loge. **D** L'hôtel des Trésoriers de la Bourse (XVIII), N°4, rue des Trésoriers-de-la-Bourse, est le palais de l'Ancien Régime le plus vaste de l'Ecusson. La Maison de Heidelberg (ville allemande jumelée avec Montpellier) se loge dans une aile arrière jouxtant les jardins de Joseph Bonnier de la Mosson. **E** L'hôtel de Montcalm (XVII), N°5, plan du Sauvage, présente un original escalier à vis dont le noyau est creux. C'est de cette vaste demeure que partira en 1756 le fameux Louis-Joseph de Montcalm de St-Véran, pour tenter de bouter les Anglais hors du Canada.

L'église Saint-Roch A, néogothique, fut construite au siècle dernier pour honorer le saint montpelliérain dont la faveur redoubla lors des épidémies de choléra de 1832 et 1849, et fut en grande partie financée par la recette d'une loterie... Saint Roch naquit à Montpellier en 1295 et se fit simple "Jacquot" après le décès de ses parents, riches négociants. Lors de ses pèlerinages, la légende prétend qu'il soignait les pestiférés simplement en les embrassant. Il guérit lui-même le bubon qui l'avait atteint à la jambe et exhiba, pour preuve de ce dernier miracle, sa cicatrice en tous lieux. De retour dans sa ville natale, les "Clapassiers" crurent à un imposteur, l'accusèrent d'espionnage et le jetèrent dans un cachot où il resta emprisonné cinq années durant. Il décéda le 16 août 1327 et fut canonisé près d'un siècle plus tard. Depuis, Saint Roch donne lieu à une procession costumée à travers la ville, le jour anniversaire de sa mort. Le puits de sa maison natale, rue des Trésoriers-de-France B, est alors ouvert pour y puiser l'eau qui jadis remplit la gourde de Roch avant son départ sur les routes. En cette fin de siècle désabusée, la distribution de ce breuvage sacré réunit chaque année plus de monde dans cette ruelle étroite.

Des cicatrices architecturales de cette époque se lisent encore sur quelques façades. Ici, des fenêtres à meneaux, rue Draperie-Rouge C (Montpellier avait au Moyen Age le monopole de la teinture rouge, extraite de la cochenille du chêne kermès), et les baies gothiques de l'hôtel de Jacquet, place Saint-Ravy D.

The neo-gothic Saint Roch church was built in the 19th century, funded to a large extent by money from a lottery. Saint-Roch was born in Montpellier in 1295 and became a simple pilgrim following the death of his parents, wealthy merchants. During his pilgrimages he is said to have cured the plague-stricken simply by kissing them. He himself recovered from a bubonic tumor on his leg. Claiming it was a miracle he willingly showed off the scar. When he arrived back in his native town people thought he was an impostor, and accused him of spying. He was thrown into jail where he stayed for five years. He died on 16 August 1327 but it wasn't until 100 years later that he was canonized. Saint-Roch has since been the occasion for a fancy-dress procession through the town on the anniversary of his death. The well at his native home in the Rue des Trésoriers de la Bourse is opened and water is drawn as it was in the days when he used to fill his water bottle before departing on the roads.

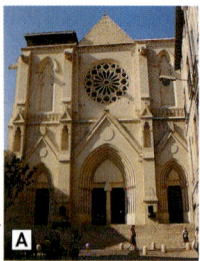

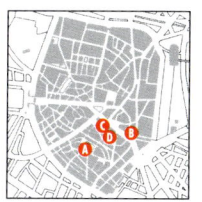

Doux visages de Madone ou gouailles franches de gourgandines, les agrafes féminines font vivre agréablement les entrées et les façades des nobles hôtels particuliers. Les coquilles qui coiffent ou encadrent ces jolies Montpelliéraines symbolisent l'imagination. Les serpents qui se mêlent parfois dans leur chevelure, et que l'on associe habituellement à la tentation et aux plaisirs de la chair, figurent ici la science et la prudence. La futilité fait donc toujours chez nous bon ménage avec l'intelligence. Au fil des siècles, les régimes changent, mais les dames restent. Les marquises laissent alors place, sur les façades bourgeoises du siècle dernier, à quelques solides matrones, symbolisant les valeurs austères de la République (voir pages suivantes).

Soft faces of madonnas and jeering loose women pleasantly adorn the doorways and façades of bourgeois town houses. The shells these attractive Montpellier girls are wearing, or that surround them, symbolize imagination. The snakes entangled in their hair that one generally associates with temptation and the pleasures of the flesh represent science and prudence. Futility, it would appear lives happily with intelligence. Over the years, regimes change, but ladies stay. On the bourgeois façades of the 19th century marchionesses leave room for sturdy matrons who symbolize the austere values of the Republic.
(see following pages).

A Place de la Comédie,
sous le "Scaphandrier".
B Rue du Cannau,
hôtel de Beaulac.
C Rue de la Merci, Eglise Ste-Eulalie.
D Place de la Canourgue,
hôtel Richer de Belleval.
E Rue du Puits-du-Temple,
hôtel Allut.
F Rue du Cannau, Hôtel de Beaulac.
G Rue du Puits-du-Temple,
hôtel Allut.
H Rue de l'Aiguillerie, l'emperlée
I Rue du Petit-Saint-Jean.
J Rue Fournarié, hôtel d'Utson.
K Rue du Petit-Saint-Jean.
L Rue Paul-Brousse, la sorcière.
M Place de la Canourgue,
hôtel Cambacérès, la savante.
N Rue du Puits-du-Temple,
la pleine entente conjugale.
O Rue du Palais-des-Guilhem,
la corde au cou.
P Rue Saint-Firmin,
coiffée comme Sainte-Catherine.
Q Rue du Palais-des-Guilhem.
Collerette ou harnais ?
R Rue de l'Aiguillerie, la candide.
S Rue de la Loge,
l'opulence de la vigne.
T Rue Paladhile,
l'inquiétante abondance.
U Place de la Canourgue,
hôtel Richer de Belleval.
V Avenue Clemenceau,
volutes "modern style".

le quartier du Peyrou

L'église Sainte-Anne, aujourd'hui réhabilitée en salle d'exposition, se dresse au cœur de ce quartier à l'ouest du premier secteur urbanisé de la ville, organisé en "circulade" médiévale, comme l'attestent les dessins concentriques des rues. L'édifice néogothique fut construit en 1869 par Jules Cassan à l'emplacement d'une première église du XIIe siècle. Ici la rue de l'Amandier A et la rue de l'Huile B. Le clocher domine la ville à 69 m tandis que deux anges encadrent l'ancien portail d'entrée dans de lourdes niches supportées par des personnages grotesques C. La rue Petit-Scel évoque une ancienne cour de Justice créée par Saint-Louis, le "Petit Sagel" D, et relie Sainte-Anne à la rue Foch.

In the heart of this area Sainte-Anne church is located slightly to the west of the very first urban development of the medieval town. This neo-gothic church was built in 1869 by Jules Cassan on the site of a first church built in the 12th century. Sainte-Anne church has now been converted into an exhibition hall.

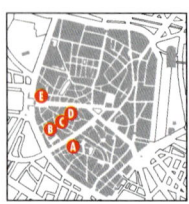

La rue Foch, autrefois rue Nationale, est la première percée "haussmanienne" effectuée dans la ville. Tracée dans l'axe des Jardins du Peyrou et de l'Arc de Triomphe, elle relie, depuis 1883, le Palais de Justice à la Préfecture. Le coût exorbitant des expropriations prévues dans le quartier Jacques-Cœur pour rejoindre l'Esplanade, stoppa net l'avancée de la saignée. La construction du Palais de Justice fut achevée, quant à elle, en 1853, à l'emplacement du château des Guilhem, les anciens seigneurs de Montpellier. L'architecte Charles Abric éleva ici un impressionnant temple néo-antique de la Justice E. Les statues du cardinal lodévois et ministre de Louis XV, Fleury, et de l'archichancelier Cambacérès encadrent l'entrée des gens de robe, sous un fronton décoré de "La Justice protégeant l'innocence et dévoilant le crime", une œuvre de Ramus.

The Rue Foch was the Haussman-like street to be cut through the town in 1883. The original plan was to extend the street through to the Esplanade but the expropriations proved to be much too costly. The law courts at the top of this street were completed in 1883.

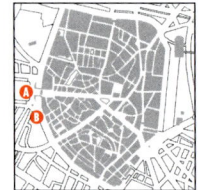

Passons sur le côté de l'Arc de Triomphe, élevé en 1691 par Daviler à la gloire de Louis XIV, pour rejoindre les Jardins du Peyrou. Deux lions rugissants vous attendent à l'entrée, domptés comme de gros chats par deux angelots souriants. Ici "L'Amour domptant la Force" [A] et, page suivante, "La Force domptée par l'Amour" sont des œuvres commandées en 1880 par le maire Alexandre Laissac au talentueux statuaire biterrois Antoine Injalbert. Lors de leur inauguration, en 1883, ces deux innocents trouvèrent pourtant à faire scandale aux yeux de quelques "mères-la-pudeur" qui reprochèrent au sculpteur d'avoir sexué ses anges. Il fallut poster un garde jour et nuit au pied de ces impudiques garnements pour empêcher les jets de cailloux émasculateurs. Le sculpteur Villeneuve sauva la réputation de sa corporation en livrant en 1922 pour le nouvel immeuble de la Caisse d'Epargne qui fait l'angle à deux pas à gauche derrière l'immense Croix du Peyrou, une œuvre des plus convenantes qui soient, livrant au peuple la charité du pain et de l'heure (à cette époque, la montre était encore un objet de luxe) [B].

Going past the Arc de Triomphe erected in 1691 to glorify the Sun King (Louis XIV) and approaching the Jardins du Peyrou. Two roaring lions await you at the entrance, tamed like big cats by two young smiling angels. Shown here "Love vanquishing Force" and on the next page "Force vanquished by Love" were commissioned by the mayor Alexandre Laissac in 1880. When erected, however, in 1883, the sculptor Antoine Injalbert was much criticised for having sexed his angels. In 1922 the sculptor Villeneuve produced a much more respectable statue for the new Caisse d'Epargne building, just to the left behind the huge Croix du Peyrou.

Les médaillons de l'Arc de Triomphe ont été sculptés deux siècles plus tôt par Philippe Bertrand pour saluer la gloire du Roi Soleil que l'on retrouve quant à lui à cheval, à mi-chemin sur la perspective du Peyrou. Côté ville, une première allégorie affirme à gauche que l'"hérésie" protestante fut vaincue en 1685 par la révocation de l'Edit de Nantes tandis qu'une seconde évoque à droite le Canal du Midi, le chantier pharaonique de Pierre-Paul Riquet qui relia en 1681, par la Garonne, l'Océan Atlantique à Cette (Sète) et la Méditerranée. Côté Jardins du Peyrou, les médaillons sont plus militaires et idéalisent à droite la prise de Mons et de Namur par les armées royales en 1692 (les succès guerriers du moment) et à gauche la victoire de Louis XIV (personnifié en Hercule) sur l'Angleterre, l'éternel ennemi (le lion).

A huge statue of the Sun King on horseback is posted half way down the Jardins du Peyrou. The medallions on the Arc de Triomphe were sculpted by Philippe Bertrand. The allegories symbolize the defeat of the Protestants (1685), the digging of the Canal du Midi (1681), The siege of Mons and Nemur in 1692 and the victory of Louis XIV (depicted as Hercules) against England (the lion), the everlasting enemy.

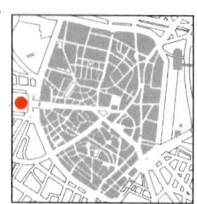

L'actuelle statue équestre de Louis XIV, déjà imposante, qui trône au centre de la promenade du Peyrou est une copie réduite de celle qui fut dessinée par Mansart, réalisée par Mazeline et Hurtrelle, fondue à Paris, puis acheminée à grands frais jusqu'à Montpellier (notamment par le Canal du Midi) pour être installée, à défaut de place en centre-ville, au centre de ce lieu de promenade en 1718. Abattue à la Révolution et livrant la place à la guillotine, elle fut débitée puis fondue pour donner naissance aux canons de la toute nouvelle ère républicaine. Lors de la seconde guerre mondiale, les Allemands firent de même, au profit de leur propre ambition guerrière, avec les groupes de bronze qui encadraient la nouvelle effigie équestre du Roi Soleil, élevés ensemble en 1838 sous Louis-Philippe.

The equestrian statue of Louis XIV in the Peyrou gardens is a downsized copy of Mansart's original statue. The statue was made in Paris and delivered at great expense to Montpellier. It was erected in the Peyrou gardens in 1718. During the Revolution it was knocked down and replaced by the guillotine. The copy was commissioned by Louis-Philippe in 1838. During the second world war several bronzes that surrounded the statue of the Sun King were melted down by the Germans.

La promenade du Peyrou fut choisie par l'intendant royal De Basville pour servir de piédestal à l'effigie de Louis XIV parce qu'elle était la place culminante de Montpellier (52 m d'altitude) et qu'elle avait été utilisée par Louis XIII pour canonner la ville alors tenue par les protestants lors du siège de 1622. Contrarié de ne pouvoir dégager une place au centre de la ville pour l'érection de cette statue gigantesque (le bâti aristocratique y était trop dense), De Basville accepta cette ancienne aire de battage du blé à la condition qu'aucun bâtiment ne dépasse du niveau de l'esplanade. Cette servitude fut dès lors toujours respectée. L'horizon depuis le Château d'Eau du Peyrou est ainsi dégagé et permet aujourd'hui un regard panoramique sur la région jusqu'aux contreforts du Larzac. Remarquez ici, derrière le bassin, les crêtes du Pic Saint-Loup et de l'Hortus et repérez, rivé sous l'un des lions d'Injalbert, l'antique repère d'altitude de la place.

The royal administrator De Basville had the statue of the Sun King erected in The Jardins du Peyrou because it was the highest point in town (alt 52 m). He was disappointed not to be able to clear a square in the centre of the town for this huge statue but he accepted to have it erected here on the condition that no building should obscure the view from the Esplanade. This rule has been respected to this day. From here one has a splendid panoramic view of the region. Notice here, behind the pond, the Pic St Loup and the Hortus.

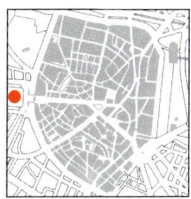

Quelques années plus tard furent aménagées les allées basses du Peyrou servant de promenade d'hiver au sud et d'été au nord (1731). Puis vint l'idée de capter la Lironde à sa source (un affluent du Lez) pour offrir de nouvelles fontaines à la ville qui manquait alors cruellement d'eau. Le projet fut confié à l'ingénieur Henri Pitot qui s'était fait remarquer en aménageant le Pont du Gard pour le passage des carrosses. L'eau se lança au faîte des 236 arches de l'impressionnant aqueduc Saint-Clément, ou aqueduc des Arceaux, en 1772, pour finir sa course au pied du Château d'Eau néoclassique réalisé deux ans plus tard au fond des Jardins du Peyrou par Jean-Antoine Giral.

The lower alleys were added to the Peyrou gardens a few years later (1731). Then, as there was a distinct shortage of water in Montpellier, the idea emerged of catching the water from the Lironde at its source (an affluent of the river Lez) to supply new fountains. Henri Pitot, an engineer who had previously worked on improvements to the Pont du Gard was contracted to build an aqueduct. The 236 arches were completed in 1772. The Château d'Eau (water tower) was built two years later by Jean Antoine Giral.

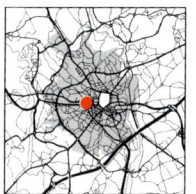

Ce temple rococo dédié aux divinités aquatiques demeure le "buffet d'eau" le plus gigantesque du Sud de la France. Retrouvez sur le sol de la terrasse les marques d'un étonnant cadran solaire et postez-vous sur l'inscription du mois pour lire l'heure avec votre propre ombre... A moins que vous ne préfériez profiter des jardins "à la française" des terrasses basses pour prendre le soleil tout en vous enivrant des effluves suaves des magnolias. Le quartier des Arceaux en contrebas réserve aux amateurs d'architecture quelques chefs-d'œuvre dont les siècles parfois s'entrechoquent.

This rococo temple is the biggest "buffet" in the south of France. Take a look at the sun dial on the ground on the terrace. Stand above the month and your own shadow will tell you what time it is ! Below, the lower terraces are planted out with magnolias and "à la française" gardens. The area of the Arceaux below is home to several architectural works of art of various periods.

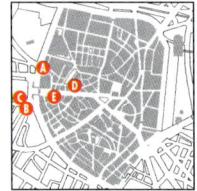

Le coup d'œil sur les alentours du Peyrou vous permet de découvrir depuis le parapet des jardins quelques merveilles des siècles passés. Ici, à gauche du Palais de Justice et de sa prison, cette splendide verrière A (XIX). Dans la rue Clapiers, l'arrière de l'hôtel Haguenot, également construit par un Giral (1757), dont les grilles d'entrée se retrouvent au N°6 de la rue de la Merci B. A l'aplomb du Château d'Eau se tient encore l'hôtel Guidais C (1758) antérieur à la place royale du Peyrou qui d'ailleurs dut changer son dessin à l'angle sud-ouest pour le contourner. Retrouvons la ville vers l'est pour admirer quelques belles façades rue Foch D avant d'aborder le quartier du Cannau. Face au Palais de Justice, deux colosses supportent le premier balcon de l'immeuble dont une fenêtre du dernier étage vit son volet roulant causer quelque souci à Jacques Brel et Lino Ventura dans le film "L'emmerdeur" E.

L'architecture des heures fastes de notre histoire a toujours été inspirée par la Grèce antique, aussi retrouvons-nous, sur les édifices de l'Ancien Régime comme sur ceux de la haute bourgeoisie viticole du siècle dernier, les mêmes éléments décoratifs néoclassiques. Depuis que le géant Atlas fut condamné par Zeus à supporter sur ses épaules la voûte du ciel, des effigies torturées de ce titan grec, appelées atlantes, soutiennent les lourds balcons de pierre et ornent bon nombre de linteaux de porte. Absorbés par leur tâche, grimaçant de douleur car souvent amputés des deux bras, ces colosses ne prêtent aucun regard aux passantes ni aux passants qui, parfois, déclarent apprécier les belles musculatures (voir pages suivantes).

Ici, le torse saisissant de réalisme d'un éphèbe-bernard-l'ermite F sur la façade du château de l'Engarran, une "folie" près de Lavérune (voir page 121). Square des Arceaux, comme pâmée devant tant d'Apollons G. Pour quelle petite fille cruelle fut sculpté, au fronton d'une porte du boulevard du Jeu-de-Paume, ce baigneur supplicié ? H.

The architecture of the more ostentatious periods in the history of France has always drawn its inspiration from ancient Greece. Indeed, one finds, as shown here, the same type of neoclassical decorations on the buildings of the Ancien Régime (Old Regime) and on the later 19th century façades of the influent wine growers and merchants. Ever since the giant Atlas was sentenced by Zeus to hold up the sky, tortured atlantes have supported heavy stone balconies and decorated door lintels. Concentrating on their task, their faces showing pain and frequently with both arms amputated, these strong men pay no attention to the passers-by below who sometimes admit to admiring their impressive build (see following pages).

Here an extremely realistic torso of an ephebe on the façade of the Château of Engarran, a "folly" located near the village of Lavérune (see hereafter).

For which cruel little girl was this agonizing bather sculpted on a door front in the Jeu de Paume boulevard ?

A Place de la Canourgue, hôtel Richer de Belleval. Mi-faune, mi-titan.
B Impasse Barnabé, hôtel Hostalier-de-Saint-Jean. Jouvenceau pétrifié par de multiples couches de peinture.
C Impasse Draperie-Saint-Firmin. Androgyne primitif raillé dans le chêne.
D Rue de l'Argenterie. Autre figure équivoque, la main toujours dans le slip.
E Rue Maguelone. La virilité en personne.
F Rue du Bayle. Un baigneur s'attelle à la tâche.
G Rue Foch. Colosses surgissant de conques marines appelées "tritons de l'Atlantique".
H Rue du Puits-du-Temple, hôtel Fizes. Le sang leur monte à la tête.
I Rue Collot. Le mal de tête et le voisin indifférent.
J Rue de la Loge, hôtel du Pont de Goût. Le bellâtre manchot et le mascaron boudeur.
K Bd Sarrail. La migraine du faune.

le quartier du Cannau

La cave d'une maison au N°1, rue de la Barralerie (l'ancienne rue des tonneliers), livra récemment aux historiens l'accès au bain rituel juif, le "Mikvé" A, de l'ancienne synagogue médiévale construite sous la gestion aragonaise, particulièrement tolérante, de la ville (XIII). Alors que d'ordinaire les mikvés sont remplis par de l'eau de pluie, la discrète crypte souterraine du Clapas semble alimentée par une source mystérieuse, des plus purificatrices.

A deux pas trône sur la petite place Chabaneau la fontaine de l'Intendance, ou fontaine de Cybèle B. L'eau est ici livrée par les gueules de quatre lions et s'échappe de la jarre tenue par la déesse de la fertilité sculptée par Jean Journet en 1776.

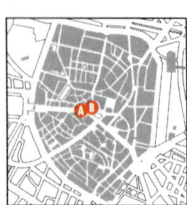

La fontaine de Cybèle représente la ville de Montpellier, dont les armes sont frappées sur l'écu, tandis que les deux angelots personnifient les sources du Lez et de la Mosson. La Préfecture fut agrandie entre 1865 et 1870 par Bésiné qui marie ici tout le répertoire de l'architecture classique. Elle se greffe sur l'ancien hôtel de Ganges (1686) dont l'entrée présente ses propres colonnades place Chabaneau. L'horloge est l'œuvre de Baussan et illustre l'Agriculture et le Commerce.

The Cybele fountain represents Montpellier, the coat of arms of which have been engraved on the shield. The two little angels personify the sources of the Lez and the Mosson. The Préfecture was enlarged between 1865 and 1870, becoming attached to the older Hôtel de Ganges (1686), the entrance to which is Place Chabaneau. Designed by Baussan, the clock illustrates agriculture and commerce.

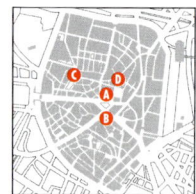

Le hall d'honneur de la Préfecture est orné de magistrales allégories sculptées, dues au ciseau magique d'Injalbert. Ici, la rivière Lez est une adorable baigneuse assise sur la falaise où est actuellement captée sa source [A]. Nous retrouvons le Château d'Eau du Peyrou, l'aboutissement de son détournement sur la "rigole" de Pitot, l'"Amour chevauchant la Force", ainsi que l'un des nombreux moulins qui jalonnaient son cours naturel et vers lesquels se concentraient durant des siècles l'industrie de la région. Face à la Préfecture, un marché se tient chaque jour dans les halles Castellane conçues en fonte par Jules Cassan en 1869 sur le modèle des halles parisiennes de Baltard [B]. [D] : dans le ciel de la rue de Girone.

The main hall of the Préfecture is decorated with masterly allegories sculpted by Injalbert. Opposite the Préfecture, there is a covered market every day at the Halles Castellanes. Jules Cassan designed the Halles here on the basis of the Parisian covered markets designed by Baltard.

La place de la Canourgue est un délicieux havre de verdure ombragé par de vénérables micocouliers et cerné par les façades de prestigieux hôtels particuliers C. La place est soutenue, sous la Fontaine des Licornes (Etienne d'Antoine, 1770), par les contreforts colossaux d'une deuxième cathédrale dont la construction fut interrompue en 1629, faute de moyens, sur ordre de Richelieu.

The Place de la Canourgue is a beautifully peaceful square shaded by nettle trees. It is surrounded by magnificent town houses. The square is supported from below by the Licorne fountain (1770) and by the colossal buttresses of a new cathedral, the construction of which was stopped by Richelieu due to a lack of funds.

L'hôtel Richer-de-Belleval, où se tenait l'ancienne mairie, fut construit au XVIIe siècle à l'emplacement du Palais de Guilhem VI, confié ensuite aux chanoines de Maguelone (l'origine de "Canourgue"). l'hôtel de Cambacérès (1730), au N°3, rue Sainte-Croix, est attribué à Jacques Giral, le frère de Jean-Antoine (on compte neuf Giral dans cette dynastie d'architectes). L'hôtel de Sarret, édifié par Pierre Devesville en 1630, est également nommé hôtel de la Coquille pour sa fameuse trompe d'angle conique, la plus grande du genre en France.

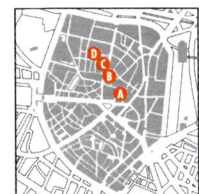

Aux abords de la Préfecture, place du Marché-aux-Fleurs, une fontaine de bronze réalisée par le sculpteur catalan Ochoa A, asperge d'étonnantes silhouettes féminines à l'emplacement où fut élevée à la Restauration une effigie de Louis XVI signée Achille Valois (1829). Cette statue fut offerte en cadeau de jumelage à la ville américaine de Louisville en 1966.

Near the Préfecture, Place du Marché-aux-Fleurs, a bronze fountain made by the Catalan Ochoa. This statue was given to Montpellier on the occasion of its twinning with the American city of Louisville in 1966.

Flâner dans le quartier, comme ici dans les rues Fournarié B ou de Candolles C, réserve de nombreuses découvertes. De nouveaux hôtels particuliers aux frontons de portes sculptés (voir page 56), des gargouilles baroques en suspension au-dessus de la chaussée (rue de Girone) et quelques sculptures de belle facture romantique telles que Jeanne d'Arc, rue de la Providence, ou cette douce étreinte intitulée "Paradis perdu" (Dieudonné), plan de l'Université D, concourant depuis déjà plus d'un siècle pour le record du plus long baiser du monde.

There is so much to see walking around this area, like here in the Rue Fournarié or Rue Candolle. More magnificent town houses with sculpted doorways (see page 56), baroque gargoyles hanging over the street, (Rue de Girone), and some beautiful sculptures. Jeanne d'Arc, rue de la Providence, and this embrace, Plan de l'Université, competing for the longest kiss in the world for over a hundred years.

Les toits du quartier du Cannau, depuis le clocher de la cathédrale Saint-Pierre et, dans le dédale de ses ruelles sinueuses, les portes des hôtels particuliers :

A L'hôtel d'Uston ou d'Alco (1731). N°3, rue Fournarié.
B L'hôtel de Solas (XVII). N°1, rue Fournarié.
C L'hôtel de Beaulac (1670, façade de 1720). N°6, rue du Cannau.
D L'hôtel Deydé (escalier à quatre noyaux de Levesville 1664, puis Daviler 1692). N°8, rue du Cannau.
E L'hôtel de Mirman (XIII-XIV-XVII). N°7, place du Marché-aux-Fleurs.
F Le fronton de la cage d'escalier intérieure de l'hôtel de Beaulac (voir C).
G La cour intérieure de l'hôtel Baudon de Mauny (XVIII). N°1, rue Carbonnerie.
H Dans la cour de l'hôtel d'Audessan, ou de la Vieille Intendance (XVII), où furent logés les intendants royaux du Languedoc de 1680 à 1718, mais aussi Auguste Comte et Paul Valéry (il rédigea dans cette demeure "La soirée avec M. Teste"). Remarquez, toujours en place de part et d'autre de cette belle porte, les éteignoirs de chandelles. N°9, rue de la Vieille-Intendance.

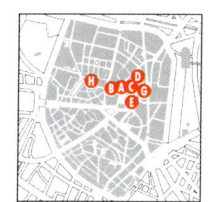

Aux sourires mutins des marquises de pierre répondent rarement ceux de quelques mignons rasés de près. Les mascarons masculins (pages suivantes) ne sont pas là pour séduire, mais pour impressionner, pour afficher la puissance du propriétaire, ses pouvoirs, sa fortune. Des Bacchus rigolards cernés de grappes de raisin témoignent d'importants patrimoines viticoles et sèment leur joie de vivre parmi les barbus austères et ombrageux, Coiffés, tel Hercule, de la peau du lion de Némée, symbole classique de la Puissance. Hermès garde encore quelques portes bourgeoises car ce messager ailé est le dieu hellénique de la santé et l'inventeur de toutes les sciences. Il est également le patron des orateurs et des commerçants et personnifie l'habileté et la ruse, aussi est-il encore le dieu du mensonge et du vol. Ironie du sort sans doute, nous retrouvons ici Hermès à l'entrée de la Banque de France.

Delicate closely shaven male masks smiling to the cheeky smiles of a marchioness are unusual. Male masks were not designed to be seductive, but to impress and show off the authority, power and wealth of the owner of a building. Jolly Bacchuses surrounded by bunches

of grapes suggested large viticultural estates and the joy of living, unlike the more austere and mysterious bearded masks. Draped in Nemee's lion skin like Hercules, Hermes still watches over bourgeois doorways. This winged messenger is the Greek god of health and the inventor of all sciences. He is also the patron saint of orators and traders and personifies virtues such as wiliness and skilfulness. Moreover, he is the god of untruths and theft. Presumably by an irony of fate, we find Hermes here at the entrance to the Banque de France.

A Place Saint-Côme, le "Fitspatrick".
B Bd Sarrail, cours "Bessil".
C Rue Latreille, Bacchus cuve.
D Thermes de Fontcaude, Juvignac.
E Rue Salle-l'Evêque, le vieux sage.
F Rue de la Loge, le fringant barbichu.
G Avenue d'Assas, de profil.
H Bd Ledru-Rollin, Banque de France.
I Rue Sainte-Croix, hôtel de Cambacérès.
J Rue Victor-Hugo, Opéra Comédie.
K Hercule coiffé du Lion de Némée.
L Le même, rue du Cannau, hôtel Deydé,
M ainsi que rue Rebuffy, hôtel Duché.
N Rue du Puits-du-Temple, hôtel Allut.
O Rue Embouque-d'Or, hôtel Baschy du Cayla.
P Place de la Canourgue, hôtel Richer de Belleval.
Q Rue de la Petite-Loge.
R Rue du Petit-Scel, hôtel Philippy.
S Grand-Rue Jean-Moulin, hôtel de Fourques.

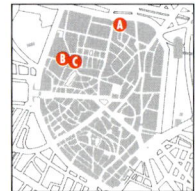

E̲n suivant la déclivité naturelle des ruelles du quartier, vous atteignez vers le nord, au bas de la rue de l'Université, la Porte de la Banquerie (la dernière porte, avec la Babotte, de l'enceinte médiévale, consolidée en 1781) et l'ancien Couvent des Ursulines (1641) qui abrita un établissement pénitentiaire de 1805 à 1934. Les religieuses de Sainte-Ursule avaient pour mission, avant la Révolution et la transformation de la bâtisse en centrale, d'y "éduquer les filles sans fortune". Dès 1831, cette prison devient un bagne exclusif pour femmes. La rotonde circulaire (1810) fut dégagée et réhabilitée en théâtre de plein-air en 1988 A, tandis que les bâtiments plus anciens hébergent actuellement le Centre National Chorégraphique de Montpellier.

Following the streets down and heading north to the bottom of the Rue de l'Université and the Porte de la Banquerie (one of the two remaining gateways to the old medieval town). The Ursulines Convent (1641), which was used as a jail house from 1805 to 1934. The rotunda (1810) was restored and turned into an open air theatre in 1988. The older parts of the building are now occupied by the National Choreographic Centre of Montpellier.

En descendant le Clapas vers l'ouest, nous nous dirigeons cette fois vers le parvis de la cathédrale Saint-Pierre B. Avant d'aborder l'édifice, repérez ces deux jolies grilles de balcon et observez sur la plus ancienne, forgée à la main et non moulée en fonte, la toute dernière "boite à grillons" de la région C. Dans cette petite prison rouillée étaient autrefois enfermés des grillons dont le chant le soir à la fenêtre de la chambre, était censé apporter le bonheur et favoriser la fertilité de l'alcôve du maître de maison.

Heading west through the old town towards the parvis of Saint-Pierre Cathedral. Before going in, notice the iron bars on the two balconies. On the oldest of the two there is the only remaining "cricket box" in the region. Crickets were put into these boxes and placed outside a bedroom window. Their song was believed to improve the fertility of the master's bed-recess within.

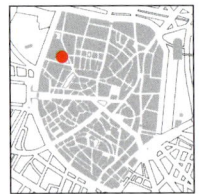

La Cathédrale Saint-Pierre fut à l'origine la chapelle du monastère Saint-Benoît et Saint-Germain où se tient actuellement la Faculté de Médecine. L'une et l'autre furent consacrées en 1367 par le pape Urbain V lors de leur construction, entreprise en 1364 et achevée huit ans plus tard. Edifiés contre la "Commune Clôture", l'enceinte de la ville, les bâtiments furent fortifiés par les architectes du pape, ce qui conféra à la longue façade du monastère un petit air de Palais d'Avignon. Lors des guerres de religion les protestants pilonnèrent ce dernier retranchement des catholiques et ruinèrent la cathédrale en 1561 et 1567, au point que l'on songea à en reconstruire une autre en haut de la rue Saint-Pierre, sur la place de la Canourgue où furent postées les bombardes "hérétiques". Ce projet

fut abandonné en 1629 lors de la construction des soubassements dont les pilastres retiennent toujours la place, rue Vieille. La cathédrale fut redressée en 1634 dans le style gothique flamboyant et se dota du porche monumental qui constitue l'originalité première de l'édifice. L'intérieur de la nef recèle des merveilles artistiques : le fabuleux buffet d'orgues aux 5000 notes de L'Epine (1776) et une profusion d'œuvres peintes ou sculptées signées Mignard, Bourdon, Santarelli, Ranc, etc. Le clou de la visite consiste en l'ascension du clocher sud-est au faîte duquel se dévoile toute la ville. Notons sur ce point de vue orienté vers le nord, deux curiosités végétales : au premier plan la feuille d'un figuier agrippé ici à une gargouille, et, plantés à gauche au sommet de la Tour des Pins (l'un des derniers vestiges de l'enceinte médiévale), les cyprès qui remplacent depuis 1828 les pins de la prophétie de Nostradamus. Alors étudiant en médecine à Montpellier, ce mage provençal aurait affirmé en 1530 : "Lorsque les pins disparaîtront, la cité périra"...

A first cathedral and monastery were built on this site, against the old walls of the town, around 1364. Before construction had been completed both edifices were consecrated by the pope in 1367. The cathedral was destroyed by the protestants during the wars of religion. It was rebuilt in 1634 in this flamboyant gothic style. Inside, there is a very fine organ (1776) some excellent sculptures and paintings (Mignard, Bourdon, Ranc, etc.). End the visit by climbing to the top of the bell-tower. Notice here a fig-leaf clinging to a gargoyle, and the cypress trees against the remains of the old medieval surrounding wall. The trees were planted in 1828, in replacement to Nostradamus' cypresses planted in 1530. He is reported to have claimed that "when the cypresses died, the city would fall into ruin"...

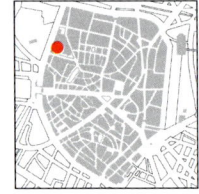

Le pont qui relie le premier étage du monastère à la rue fut commandé à Jean Giral en 1739. Lorsque la Révolution secoua la ville, les moines s'enfuirent en abandonnant les bâtiments qui servirent aussitôt de prison tandis que la cathédrale devint un temple puis un vaste entrepôt pour la garnison montpelliéraine. L'Université de Médecine ne prend possession des lieux qu'en 1795, alors que l'art de soigner faisait la réputation de la ville jusqu'aux confins de l'Europe dès le XIIe siècle et que le premier "studium generale" fut créé dans le Clapas par le pape Nicolas IV en 1289.

The bridge across the street to the 1st floor of the monastery was built in 1739 by Jean Giral. During the revolution the monks took fright and fled the town. The building was immediately converted into a jail. The cathedral was used as a depot for the Montpellier garrison. The monastery was acquired by the reputed Faculty of Medicine in 1795.

Parmi les médecins formés à Montpellier et dont les noms ont traversé l'Histoire, citons le prêtre et écrivain François Rabelais (portrait page de gauche) qui fit l'écho dans son "Pantagruel" des beuveries qui ponctuaient alors la vie des carabins (une sculpture épicurienne a été dressée en son honneur, dans le Jardin des Plantes voisin), Pierre Magnol qui rédigea le scientifique "Hortus regius" et qui laissa son nom au magnolia (retrouvez son hôtel particulier au N°1, rue Philippy et le portrait page 71), Nostradamus, Rondelet (buste page 71), Guy de Chauliac, et bien d'autres sommités dont les portraits sont réunis dans le "Vestiaire des Professeurs", à gauche du vestibule. L'entrée de la faculté est encadrée par deux statues monumentales en bronze. A gauche, par Gumery, François de la Peyronie qui fut appelé au chevet de toutes les têtes couronnées d'Europe et qui fonda l'Académie de Chirurgie. A droite, par Lamy, Paul Joseph Barthez, le médecin personnel de Louis XVI et de Bonaparte. Ne pas rater à l'étage le passionnant Conservatoire Anatomique (des moulages de plâtre ou de cire) et l'inattendu musée Atger où sont exposés des manuscrits médiévaux enluminés, ainsi que la somptueuse collection de tableaux et de dessins de la donation Xavier Atger (1833) où se regroupent les signatures des plus grands artistes européens du XVe au XVIIIe siècles.

Fondé par Henri IV en 1593, l'"Hortus Regius Monspeliensis" (le Jardin des Plantes) fut conçu pour être le complément indispensable de l'Ecole de Médecine afin que sa renommée soit "propagée hors des frontières de France et de Navarre" selon Pierre Richer de Belleval, titulaire de la chaire d'Anatomie et de Démonstration des Simples. Le plus vieux jardin français est ainsi géré par le doyen de la faculté depuis quatre siècles. Au fond de l'Ecole Systématique se dressent depuis 1802, la serre Broussonnet, l'orangerie ici ouverte à la visite, tandis qu'à droite sont alignés les bustes des grands botanistes montpelliérains dont de Candolle, Pellicier et Rondelet A. Romantique à souhait, mariant dans chaque allée la botanique et l'histoire, le Jardin des Plantes est le lieu de rendez-vous naturel des tourtereaux de la ville.
Ci-dessous, le magnolia B et son parrain Pierre Magnol C. Herborisation sur l'Hortus D. Le monument à Rabelais E. Le sceau de la Faculté F.

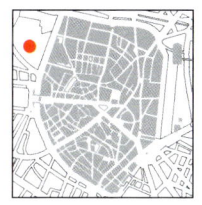

Among the many doctors who studied medicine in Montpellier, one finds famous names such as Nostradamus, Pierre Magnol and François Rabelais, of whom there is a an Epicurean statue in the Botanical Gardens. Founded by Henri IV in 1593, the Hortus Regius Monspeliensis (Botanical Gardens) was designed to be an indispensable complement to the Faculty of Medecine. These gardens are the oldest in France and have been managed by the dean of the Faculty of Medicine for 400 years. The Broussonnet greenhouse, at the back of the Ecole Systématique, was built in 1802 (the orange grove is open to the public). Busts of the most famous botanists from Montpellier are aligned to the right (Candolle, Pellicier and Rondelet).

L'ancien Hôpital Général fut construit au début du XVIIIe siècle pour l'"enfermement" des pauvres (ceux qui n'avaient pas les moyens de faire venir un médecin à leur chevet). La nef de la chapelle Saint-Charles que l'on accola à ce premier complexe hospitalier de Montpellier, fut dessinée par Giral en 1751 avec fronton et pilastres classiques. L'hôpital fut ensuite étendu au XIXe siècle puis complété à la veille de la seconde guerre mondiale par des bâtiments, tirant le meilleur parti architectural du nouveau matériau de l'époque : le béton armé. Décoré à l'entrée, rue Broussonnet, par de monumentaux bas-reliefs signés Joachim Costa, l'ensemble vient d'être inscrit à l'inventaire des Monuments Historiques. Ces sculptures, très

"réalistes-socialistes", marient en deux tableaux les valeurs sûres de la ville : la Médecine (la femme semble être ici, dans tous les sens du terme, la charpente de cette discipline. 1944) et l'histoire de Montpellier où il est amusant de voir le Château d'Eau du Peyrou servir de cuvette W-C (1942)…

The Hôpital Général (or Hôpital St Charles) on the edge of the old town, to the north of the Botanical Gardens, was built at the beginning of the XVIIIth century. The nave of Saint Charles chapel (designed by Giral in 1751) was built on to the walls of this first hospital to be built in Montpellier. The hospital was enlarged in the XIXth century and again just before the Second World War, using re-inforced concrete as a new architectural material. The result is seen here in the reliefs signed by Joachim Costa at the entrance to the hospital, Rue Broussonet. These two extremely realistic and socialist-looking sculptures depict two of Montpellier's biggest assets: Medicine and History.

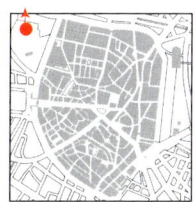

le quartier Jacques Cœur

Ce quartier, délimité par l'Esplanade et la rue de l'Aiguillerie s'ouvre en son centre par la rue qui porte le nom du fameux argentier du roi Charles VII. Habile homme d'affaire autant que stratège politique, Jacques Cœur avait réussi à obtenir du pape le droit de commercer avec le diable : le peuple sarrasin, et se fit dès lors armateur en Méditerranée. Nommé à Montpellier Commissaire Royal pour toute la Province du Languedoc en 1447, il se fit bâtir face à la chapelle des Pénitents Blancs un luxueux hôtel particulier alors surmonté d'une tour qui lui permettait, dit-on, de surveiller ses navires. Sa fortune devint si ombrageuse que le roi trouva prétexte à l'arrêter en 1451 puis le gracia contre la somme de 300 000 écus d'or…

Jacques Cœur was King Charles VIIth's treasurer. He was clever in both business and politics. Indeed, he managed to obtain permission from the pope to trade with the Saracens and became a ship-owner. He was subsequently (1447) appointed in Montpellier as the Royal representative for the entire Province of Languedoc. In 1451 the king eventually became so suspicious with regard to his fortune that he had him arrested. He was pardoned in exchange for 300 000 gold crowns. A street bearing his name cuts through the heart of this area where he had a luxurious town house built.

L'hôtel de Jacques Cœur fut acheté en 1632 et rénové par les Trésoriers de France. Observez les aménagement de la cour, le grand escalier à cage ouverte et entre les pilastres les soleils radieux symbolisant la gloire de Louis XIV. La demeure qui vit séjourner dans ses murs François 1er, Henri IV et Louis XIII, fut vendue comme bien national à la Révolution puis subit de nouvelles transformations ordonnées par la famille Lunaret dès 1826. L'hôtel qui s'ouvrait dans l'étroite rue des Trésoriers de France organisera dès lors son entrée rue Jacques Cœur (les chapiteaux sculptés de la cour sont des pastiches néogothiques du XIXe). Ce palais fut enfin légué en 1919 à la Société Archéologique de Montpellier (l'une des plus anciennes sociétés savantes de l'hexagone, 1833) qui installe ses riches collections en 1939. Le Musée Languedocien expose depuis au public les merveilles artistiques et historiques de la région et des civilisations méditerranéennes, sur les trois niveaux du plus prestigieux hôtel montpelliérain. La visite s'impose.

Jacque Cœur's house was bought and restored by the Treasurers of France in 1632. Notice the courtyard, the big open stairway and the radiant suns which symbolize the glory of the Sun King. François Ist, Henri IVth and Louis XIII all stayed here. During the revolution the house was sold as part of the national estate. A new doorway to the house was built in Rue Jacques Cœur when the Lunaret family ordered further alterations in 1826 (the sculpted capitals in the courtyard are 19th century pastiches). In 1919 the house was left to the Archeological Society of Montpellier and since 1939 it has become the Musée Languedocien. The museum is open to the public. Exhibits include a superb collection of artistic and historical marvels of the region and Mediterranean civilizations.

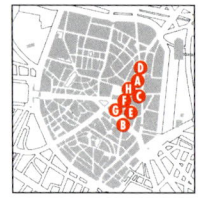

La rue de l'Aiguillerie, la ruelle commerçante et pittoresque où se succèdent bon nombre des boutiques et des restaurants branchés de la ville A, prend naissance au nord-ouest de la place Jean-Jaurès B. Conquise par les terrasses des cafés, cette place est le point culminant de la ville où fut élevée au XIe siècle l'église Notre-Dame-des-Tables (les tables des changeurs de monnaie se tenaient à l'époque devant le parvis de l'église), ruinée par les protestants en 1562 puis rasée par les sans-culottes en 1794, mais dont la crypte et les caveaux funéraires furent retrouvés lors des fouilles entreprises sous l'ancienne "halle aux colonnes" en 1913.

Rue de L'Aiguillerie has become one of the most popular streets of Montpellier for shoppers. One finds a large number of shops, boutiques and fashionable restaurants. Place Jean Jaurès has been taken over by cafés' tables and chairs. In the XIth century here was a church here (Notre Dame des Tables) but in 1562 it was badly damaged by the protestants and then in 1794 it was completely destroyed by the "sans-culottes". The crypt and burial vaults were rediscovered during the excavations undertaken under the "halle aux colonnes" in 1913.

Au gré des ruelles médiévales du quartier Jacques Cœur, les flâneurs sont tentés par le farniente sur l'une des nombreuses placettes, s'aventurent volontiers dans les greniers à fripe et cèdent à la curiosité qui incite à pousser les portes des édifices religieux et des hôtels particuliers. Rue Glaize C et place Notre-Dame D, face à l'église des Jésuites Notre-Dame-des-Tables dessinée par Giral (1707-1748) et à la porte aveugle des anciennes casernes, construite par Daviler en 1685. La cour centrale de l'hôtel de Manse ou de Saint-André, N°4, rue Embouque-d'Or E. Une luxueuse verrière du XIXe ferme ici la cage d'escalier (1670) dont le fameux "degré de Monsieur Manse" fit école dans d'autres demeures huppées du Clapas. Au dessus de la porte de l'hôtel Guilleminet, au N°31 de la rue de l'Aiguillerie, une mappemonde et divers instruments scientifiques intriguent les passants F. Une plaque rappelle que cette demeure hébergea de 1776 à 1794 la Société Royale des Sciences de Montpellier dont les membres collaborèrent notamment à l'"Encyclopédie" de Diderot et d'Alembert. G L'hôtel de Griffy, construit en 1760 pour Joseph-François de Pavée de Villevieille, lieutenant du roi à Sommières. De nombreux détails originaux agrémentent l'architecture historique de ce quartier, comme ce toutou énigmatique, fiché sous un balcon rue de l'Aiguillerie H, ou encore au N°29 de cette rue, au plafond d'une boutique (le rez-de-chaussée de l'ancien hôtel Estorc, 1757), les gypseries illustrant six fables de La Fontaine.

Tout élément décoratif porte un sens. Ciselé dans le bois des portes ou la pierre des riches façades, le lion est toujours symbole de noblesse et de puissance. Mais avant le XIXe siècle, avant l'invention de la photographie qui permit de répandre une image juste du roi des animaux, avant encore l'aménagement des premiers parcs zoologiques où les artistes dressaient volontiers leur chevalet, le faciès rugissant de l'animal était très approximatif. Aussi les lions de l'Ancien Régime qui recrachent les eaux de pluie aux gargouilles et ceux qui font les gros yeux au-dessus des portes, sont-ils parfois plus grotesques qu'altiers. Le Moyen-Age et la fin du XIXe siècle romantique donnèrent vie à des animaux fantasmagoriques tels que satyres, diablotins, boucs, harpies et autres inquiétants oiseaux de nuit.

There is always an explanation to the different decorations one sees in the stone of façades or on the wooden doors. The lion, for instance, always represents nobility and power. But up until the 19th century when photography was invented and people first saw what a lion actually looked like, and before the opening of the first zoos where artists could comfortably set up their easels, the carvings of the roaring lion were very varied. The water-spouting gargoyle lions and the big-eyed lions that watch you from above doorways of the Ancien Régime (Old Regime) often look more grotesque than proud or arrogant. During the Middle Ages and the more romantic end of the 19th century sculptors carved more phantasmagorical animals such as satyrs, imps, goats, crested eagles and other alarming birds.

A Place Chabaneau, gargouilles de l'hôtel de Ganges.
B Rue de la Loge. Mascaron au sourire crispé.
C Rue Salle-l'Evêque, diable hideux de l'hôtel Durand-de-Girard.
D Place de la Comédie. Vol de Grand Duc au dessus des terrasses de cafés.
E Rue des Trésoriers-de-France, hôtel Rondelet. Culot médiéval décoré de sirènes et d'une Harpie.
F Bd Sarrail. Des oreilles de cochon.
G Bd de l'Observatoire. Réaliste et menaçant.
H Bd de l'Observatoire. Félin rayonnant.
I Rue Fournarié. Penaud.
J Rue Saint-Digeon. A la porte du chenil, face à l'écurie.
K Place du Marché-aux-Fleurs, hôtel de Mirman.
L Place de la Comédie. Diable à crinière de lion.
M Rue de l'Aiguillerie. Plus effrayé qu'effrayant.
N Rue Fournarié, hôtel d'Utson. Vampirique.
O Rue du Cannau, hôtel Deydé. Fontaine à écaille.
P Rue Rey, l'enseigne de l'Hôtel médiéval "Le logis de la vache".
Q Rue Collot. Gros yeux et dentition menaçante.

Les portes bourgeoises de la ville sont étudiées jusque dans leurs moindres détails pour nous en imposer. Nous sommes déjà observés depuis les frontons et les balcons par des lions rugissants, des marquises poudrées et des Hercule ombrageux. Il faut bien de l'audace pour vouloir encore se risquer à une intrusion et s'exécuter à la manipulation énergique du heurtoir dont voici quelques exemples remarquables.

Right down to the smallest detail, every feature of the bourgeois doorway is designed to impress. Roaring lions, powdered marchionesses and shady Hercules watch us from their keystones. Daring to intrude requires a certain amount of audacity and one has to be very brave to risk using these door knockers.

A Rue de la Canourgue.
  Simple et élégant.
B Rue Philippy, hôtel Bardy.
  Grimace et poissons.
C Rue des Etuves.
  Du laiton bien lustré.
D Rue de l'Aiguillerie.
  Au cœur des tags.
E Rue de la Canourgue.
F Rue de l'Aiguillerie.
  Les deux dauphins noués.
G Place du Marché-aux-Fleurs,
  hôtel de Mirman. Pesant comme
  une ancre marine.
H Rue de l'Ancien Courrier.
  "Main courante".
I Rue Salle l'Evêque, hôtel de Bocaud.
  Une lyre à prendre à deux mains.
J Rue de l'Aiguillerie.
  Comme la porte d'une boucherie.
K Cours Gambetta. Une main à prendre.
L Rue Vallat. Les serpents de la
  tentation à la porte du presbytère.
M Quartier Saint-Roch.
  La main dans la gueule du lion.
N Rue Salle-l'Evêque,
  hôtel Durand-de-Girard.
O Place Jean-Jaurès. Friture de laiton.
P Rue Salle-l'Evêque. Dauphin solitaire.

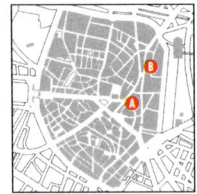

Au N°2 de la place Pétrarque se situe l'hôtel Baudan-de-Varennes (1758) où se retrouve l'ensemble médiéval le plus composite mais aussi le plus représentatif de la ville A. La première demeure fut achetée en 1448 par l'associé de Jacques Cœur, le financier Jean Nicolas. Les fenêtres gothiques de l'entrée furent récupérées lors de la percée "hausmannienne" de la rue Nationale. La porte baroque au linteau sculpté de têtes de bœuf, provient de l'ancien château du Mas-de-Londres (le château de la Roquette). La salle voûtée d'ogives (XIV) qui donne sur le puits de la cour principale, est aménagée en salle de conférence (la salle Pétrarque), tandis qu'une seconde salle sert de musée lapidaire et expose les moulages des gisants de Jacques d'Aragon et du pape Urbain V (originaux au monastère Ste-Marie de Poblet et au musée Calvet d'Avignon). Le grand escalier (XVIII) mène enfin aux musées du Vieux Montpellier (histoire de la ville et de ses notables) et du "Fougau", ou "foyer languedocien" (arts et traditions populaires).

Baudan-de Varennes house (1758), at N°2 Place Pétrarque, is probably the most heterogeneous medieval site in town. Jacques Cœur's partner Jean Nicolas bought the house in 1448. The gothic windows at the entrance were salvaged when the 'Hausmann-like' Rue Nationale was cut through the old town. The doorway comes from the old castle at Mas de Londres, a neighbouring village. The vaulted room (XIV) which opens on to a well in the main courtyard is now a conference hall (Salle Pétrarque). The other rooms have been converted into museums.

Les hôtels particuliers se succèdent ainsi de part et d'autre des rues Jacques Cœur, Embouque-d'Or, de l'Aiguillerie, des Trésoriers de France (voir détail sur le plan de la ville). Nous retrouvons également, au-delà de la basilique Notre-Dame-des-Tables et du musée Fabre, quelques nobles portes rue Salle-l'Evêque, comme ici le bel hôtel de Grave B (1634), actuellement occupé par la DRAC (Direction Régionale des Affaires Culturelles), dont l'entrée, orienté en 1692 sur la cour est, donne sur un grand escalier à colonnades bleues, illuminé par des verrières. la façade du N°10, la "villa Castelnau", mérite le coup d'œil pour ses décorations végétales baroques, bien dans le style de l'architecte Edmond Leenhardt. André Gide habita chez son oncle au N°12, l'hôtel de Bocaud, en 1880.

La rue Salle-l'Evêque fait un coude à l'arrière de la basilique Notre-Dame contre les bâtiments de l'ancien collège des Jésuites où sont actuellement exposées les collections du musée Fabre et où sont rangés, sur l'autre aile, les 600 000 volumes) de la Bibliothèque Municipale (le quart est antérieur à 1800. En descendant la rue Girard nous retrouvons l'Esplanade, ses pelouses soignées, ses fontaines rafraîchissantes A (la ville en compte une centaine), ses kiosques rétros et son manège, maintes fois changé dans le siècle mais toujours de faction sous les platanes.

The Rue Salle-l'Evêque turns behind Notre-Dame Church on the corner of the buildings of the old Jesuit School where the paintings of the Musée Fabre are exhibited today. The other wing of the building houses the municipal library (600 000 books). The Rue Girard runs down to the Esplanade, with its fountains, old-fashioned kiosks and merry-go-round.

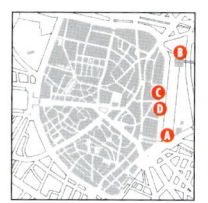

L'Esplanade, nous l'avons vu, fut prolongée vers le nord par l'immense paquebot de granit rose que constitue le Corum. Le panorama qui s'offre à nous depuis les terrasses de ce Palais des Congrès B, mérite le crochet après une promenade parmi les essences exotiques du Champs de Mars (liquidambars, ginkgo biloba, palmiers bleus, cocotiers du Chili, orangers des Osages, magnolias, etc.).
Avant d'aborder le musée Fabre dont la façade s'élève en retrait du boulevard Sarail C, observons la splendide loggia à colonnes corinthiennes de l'immeuble voisin, l'hôtel de Cabrières-Sabatier d'Espeyran D
Construite en 1872 dans le style Second Empire, cette luxueuse demeure rassemble à l'étage de somptueuses collections de meubles et d'objets d'art des XVIIIe et XIXe siècles (s'adresser au Musée Fabre pour la visite).

The huge pink granite Corum extends the Esplanade to the north. After taking a stroll among the exotic plants (magnolias, palm trees, gingkoes, Chilean coconut trees, liquidambars, etc) of the Champ de Mars park it is well worth looking at the view from the terraces of the congress hall. Before actually entering the Musée Fabre, take a look at the splendid Second Empire style loggia on the building next door. Built in 1872, this luxurious mansion now houses a magnificent collection of XVIIIth and XIVth century works of art and and furniture (to visit ask at the Musée Fabre).

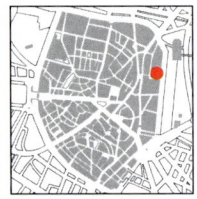

Le musée Fabre a préservé rue Montpelliéret, face à l'hôtel de Cabrières Sabatier d'Espeyran, sa première façade (1828), édifiée à l'emplacement de l'ancien hôtel de Massilian où se produisit Molière en 1655. Les sculptures en pied des trois plus célèbres peintres montpelliérains de l'époque ornent cette façade. Il s'agit, de gauche à droite, de Sébastien Bourdon (1616-1671), de Joseph-Marie Vien (1716-1809) et de Jean Raoux (1674-1734). Ci-dessous, l'élève de Vien, François-Xavier Fabre (autoportrait de 1788) fit don à la ville, en 1825, de sa bibliothèque et de sa collection de tableaux qui constitua le premier fonds du musée.

The façade of the Musée Fabre is decorated with full-sized sculptures of the three most famous artists of Montpellier. From left to right : Sébastien Bourdon (1616-1671), Joseph-Marie Vien (1716-1809) and Jean Raoux (1674-1734). Below, François-Xavier Fabre (self portrait, 1788) who donated his library and collection of paintings to the town in 1825.

Cliché F. Jaulmes - Musée Fabre

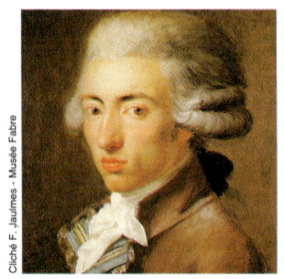

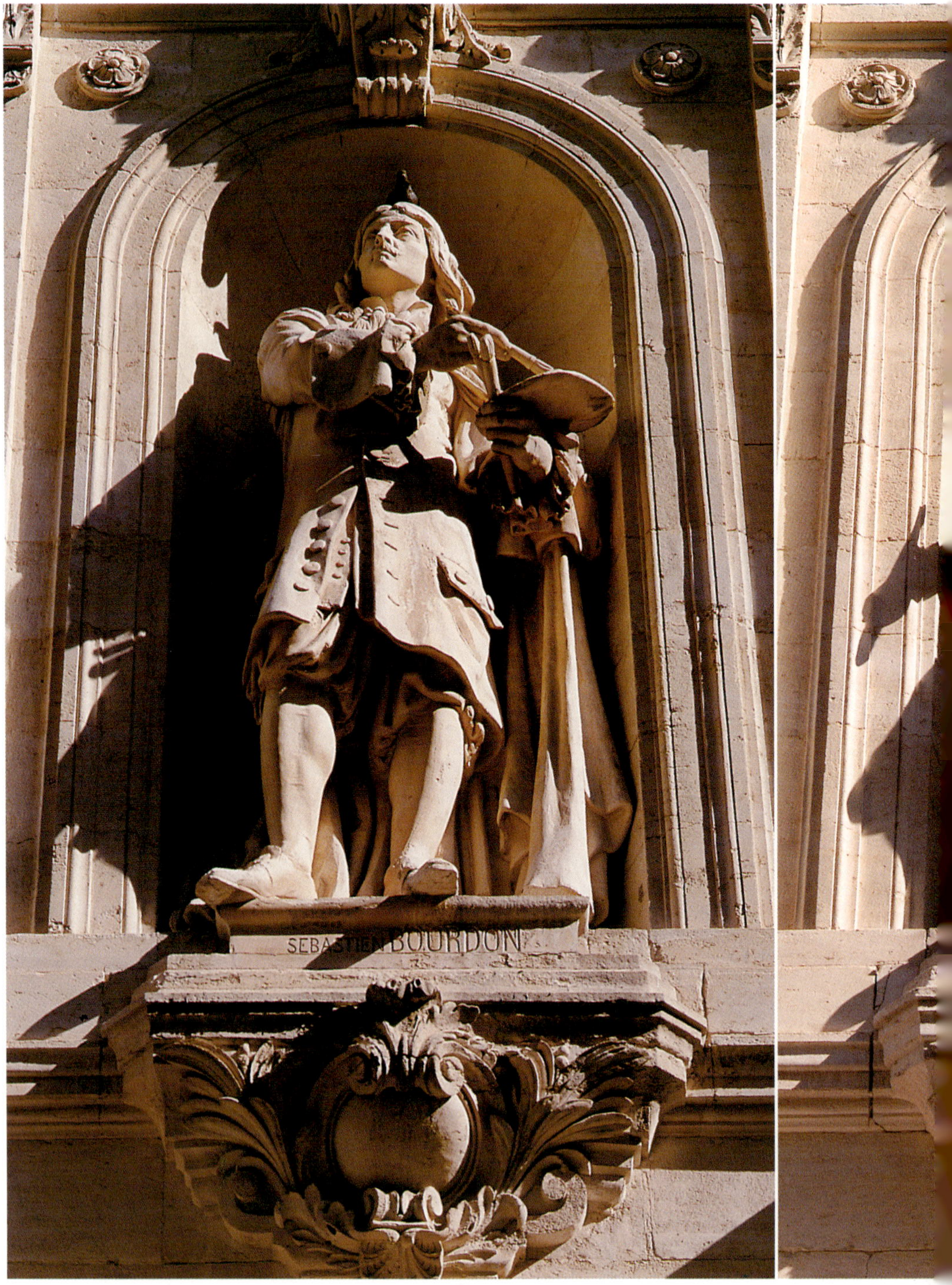

Parmi les tableaux les plus représentatifs du musée Fabre, voici ceux dont la séduction fut une volonté délibérée de l'artiste, un pari sur le charme qui fait mouche par delà les siècles :

Among the more representative and charmingly seductive works of the Musée Fabre, here is a selection of paintings that are deliberately captivating to the eye :

A "L'homme aux rubans noirs" (vers 1657) de Sébastien Bourdon (détail). Bourdon naît à Montpellier en 1616 et "monte" à Paris à l'âge de 18 ans. Il est l'un des fondateurs de l'Académie Royale puis, fuyant les troubles de la Fronde, acquiert une renommée internationale à la cour de la reine Christine de Suède. Réputé pour ses scènes bibliques ou historiques, Bourdon excelle avant tout comme portraitiste. Il donne la vie au regard de cet élégant gentilhomme montpelliérain lors d'un séjour au Clapas durant lequel il exécute la "Chute de Simon le Magicien" qui est toujours exposée dans la cathédrale Saint-Pierre.

Although he painted biblical and historical scenes he is best known as a portrait painter. He gives life to this elegant young gentleman from Montpellier on the occasion of a stay in the town.

B "Vertumne et Pomone", une œuvre étonnamment lumineuse de Jean Ranc. L'artiste voit le jour à Montpellier en 1674 et fréquente l'atelier parisien de Rigaud dont il épouse la nièce. Reçu à l'Académie en 1703 comme portraitiste, il conclut sa carrière à la cour du roi d'Espagne Philippe V dès 1722. Jean Ranc est contemporain de Jean Raoux, primé quant à lui à Rome en 1704 après avoir été l'élève d'Antoine Ranc, grand spécialiste des sujets religieux. Le musée s'honore de présenter dans les salles consacrées à l'Epoque Classique plusieurs œuvres de ces trois maîtres montpelliérains.

Born in Montpellier in 1674 he frequented Rigaud's atelier in Paris and married his niece. In 1703 he was admitted to the Académie as a portrait painter and finished his career at the court of Felipe V, King of Spain.

C "Saint Sébastien expirant" de François-Xavier Fabre (1789). Repéré par le marquis de Montferrier alors qu'il est marmiton dans les cuisines de son château, Fabre peaufine son talent dans les ateliers de Coustou, Vien et David puis devient Premier Prix de Rome en 1787 à peine âgé de 21 ans. Il s'installe ensuite à Florence où il se lie d'amitié avec la comtesse d'Albany qui lui lègue sa fortune ainsi que l'importante bibliothèque réunie par son mari, le poète Alfiéri. Fabre regagne Montpellier en 1824, obtient de Charles X le titre de baron, puis fonde le musée dont il est le conservateur jusqu'à sa mort en 1837. Influencée par Raphaël et Poussin, l'œuvre de Fabre est d'une extrême délicatesse mais les nombreux portraits qu'il exécute, tant en Italie que dans sa ville natale, figurent parmi ses plus belles réussites.

Fabre was first noticed by the Marquis of Montferrier for whom he worked as a cook's boy. He frequented the ateliers of Coustou, Vien and David and was awarded a first prize in Rome in 1789 at the age of 21.

D "**La colère d'Achille**" **de François-Léon Benouville** (1846). La vérité de ce corps héroïsé est traduite avec élégance par le parisien Benouville, lauréat l'année précédente du prix de Rome, en épousant l'inspiration néoclassique d'Ingres, le grand maître de l'époque. A n'en pas douter, le réalisme et l'impudeur de cette toile qui fit partie de la collection du mécène Alfred Bruyas, le second donateur du musée (voir page 93), exposa la colère figée de ce bel éphèbe à celle, plus véhémente, de la critique.

The truth of Achille's body treated as a hero was painted with extreme elegance. This painting belonged to the collection of Alfred Bruyas, the second donator to the museum.

E "**Bonjour Monsieur Courbet**", ou "**La rencontre**" **de Gustave Courbet** (1854). La première rencontre entre le peintre, arrivant ici à gauche portant son matériel sur le dos, et Alfred Bruyas, le personnage central à barbe rousse, intervient au salon de Paris en 1853. Ce dernier acquiert alors "Les baigneuses" dont l'embonpoint librement dévoilé par Courbet connaît un "succès de scandale". Bruyas salue quant à lui l'"art libre" de cette immense toile et se fait portraiturer par l'artiste avec qui il se lie aussitôt d'amitié. Le "bonjour" de cette toile est lancé sur la route de Lattes alors que la diligence de Paris s'éloigne ici sous la silhouette du Pic Saint-Loup, après avoir déposé Courbet pour l'un de ses séjours montpelliérains.

Alfred Bruyas, the man in the middle with the red beard first met Courbet, arriving here on the left of the painting, at the Salon de Paris in 1853. The painting was somewhat of a scandal at the time but Bruyas acclaimed this huge "art libre" painting. He immediately made friends with the artist and had his portrait painted.

F "La toilette" de Frédéric Bazille (1870). Bazille naît en 1841 dans le luxe d'une riche famille protestante de Montpellier. Il abandonne ses études de médecine en 1862 pour rejoindre la capitale où il rencontre notamment Monet, Sisley et Renoir alors aux balbutiements du mouvement impressionniste. Bazille est admis au Salon en 1868 avec la "Vue de village" (voir page 117). Il est ensuite encouragé par Puvis de Chavannes et Cabanel dont il juge les œuvres trop académiques. Engagé comme zouave lors de la guerre de 1870, Bazille est fauché le 28 novembre sur le champ de bataille de Beaume-la-Rolande. Une carrière pleine de promesses s'éteint à jamais, laissant à la postérité un nombre restreint de toiles classées pré-impressionnistes que l'on retrouve au Louvre, à Orsay et au musée Fabre. "La toilette" est considérée comme le testament artistique du peintre, qui a digéré et restitue ici, malgré l'exotisme conventionnel de cette œuvre, l'héritage de Delacroix, Courbet et Monet, à la fois chatoyant, vibrant et sensuel.

Bazille was born into a wealthy Montpellier family in 1841. He gave up his studies at the University of Medecine to move to Paris where he met Monet, Sisley and Renoir. Enlisted as a Zouave during the war of 1870, Bazille was killed on the battle field of Beaume-la-Rolande. He left a small collection of pre-impressionist paintings that one finds now at the Louvre, Orsay and the Musée Fabre.

G "Albaydé" d'Alexandre Cabanel (1848). Ce peintre raffiné et minutieux naît à Montpellier en 1823 et obtient en 1845 le Premier Prix de Rome. Il peint à 25 ans cette envoûtante "Albaydé" diaphane, héroïne orientale d'Hugo, qui enthousiasme à la villa Médicis son ami le collectionneur montpelliérain Alfred Bruyas. L'extraordinaire habileté de Cabanel le propulse vers la gloire à Paris où il fait main basse chaque année sur les prix du Salon (2e prix en 1852, 1er prix en 1855) ainsi que sur les honneurs (professeur aux Beaux-Arts, membre de l'Institut dès 1864, Commandeur de la Légion d'Honneur, membre d'une quinzaine d'Académies). Considéré avec Bouguereau comme le chef de file de l'art pompier, Cabanel devient l'artiste le plus en faveur à la cour de Napoléon III. La perfection de son style, l'académisme de ses thèmes d'inspiration et sa carrière engoncée dans tant de respectabilité, font de lui la tête de turc des jeunes impressionnistes.

This expert and meticulous artist was born in Montpellier in 1823. In 1845 he was awarded (56 years after Fabre) the first prize of Rome. At 25 he painted this captivating diaphanous "Albaydé". Cabanel quickly became a successful artist. He painted portraits for many of the persons of distinction in Montpellier and later in Paris where he won prizes and all the honors.

H "Phèdre" d'Alexandre Cabanel (1880). Cet immense tableau orientaliste est une nouvelle prouesse picturale que Cabanel exécute pour sa ville natale avec un raffinement et une minutie exemplaires. A l'évidence, cette Phèdre alanguie délicieusement "consumée sur un lit de douleur", ainsi que la belle "Albaydé", ne laissent insensible aucun visiteur du musée Fabre.

This huge oriental looking painting is another example of Cabanel's scrupulous and perfectionist feats. This painting brought him to the summit of his fame.

E

F

I "L'été" de Berthe Morisot (1880) Après démonstration de tant d'habileté, de tant de draperies savantes, de tant de perfection dans les modelés, la génération suivante n'a de recours pour exister que de retrouver les émotions, dans la simple vérité de leur lumière et avec la plus grande économie. Alors que Cabanel s'évertue la même année à faire oublier son pinceau dans "Phèdre", Berthe Morisot, l'élève et belle-sœur de Manet, réalise ce portrait saisissant de fraîcheur en ne jetant sur sa toile que quelques larges touches virevoltantes. Une œuvre épatante léguée au musée en 1907 par la famille de l'artiste et dont l'efficacité laisse sans voix tous les élèves des Beaux-Arts qui depuis croisent un jour ce regard.

Whereas Cabanel was putting the perfectionist touch to his conventionalist works, Morisot, here, painted a very different, superbly fresh portrait.

J "Portrait d'Alfred Bruyas", dit "Le burnous", d'Auguste-Barthélemy Glaize (1849). Glaize naît à Montpellier en 1807 et se lie d'amitié avec son compatriote Alfred Bruyas qui, comme à son habitude avec toutes ses fréquentations artistiques, lui commande ce portait (le musée possède vingt-quatre effigies du collectionneur). Jacques-Louis-Alfred Bruyas naît quant à lui en 1821 et profite avec dandysme de la fortune de son père agent de change, associé à la banque montpelliéraine Tissié-Sarrus. Elégant et cultivé, Alfred se passionne pour l'art et achète sans compter les œuvres d'artistes contemporains avec lesquels, souvent, il noue des relations amicales (Laurens, Glaize, Cabanel, etc.). Il s'enthousiasme notamment pour l'œuvre puissante et réaliste de Gustave Courbet dont il acquiert quatorze toiles. Mais, malade et mélancolique lors des années cruciales de l'impressionnisme, ce mécène fortuné, habité par le rêve utopique de son temps, ne prête que peu d'intérêt pour l'art novateur de Manet, du jeune montpelliérain Bazille et de son ami Monet. A la mort de son père, Alfred Bruyas renouvelle le geste de Fabre et, en 1868, lègue à la ville la majeure partie de ses collections. Courbet, Cabanel, Delacroix, Géricault, Ingres, Rousseau, Millet, Corot, et bien d'autres signatures aujourd'hui illustres complètent les maîtres néoclassiques apportés quarante ans plus tôt par Fabre, et font du Musée de Montpellier l'un des plus jalousés de France.

Glaize was born in Montpellier in 1807. Alfred Bruyas was born into a wealthy Montpellier family in 1821. He developed a passion for the arts and quickly began buying contemporary artists' works. He acquired 14 of his favourite artist Gustave Courbet's paintings. Upon the death of his father in 1868, Alfred Bruyas followed Fabre and donated most of his collection of paintings to the town.

La tour de la Babote (bd de l'Observatoire) et la tour des Pins (bd Henri IV) sont les deux dernières tours de la "Commune Clôture" élevée au XIIe siècle par Guilhem VI. Cette enceinte présentait alors 25 tours et 11 portes et faisait 2 m de large pour 8 de haut. Elle fut détruite en 1620 lors du siège de la ville par les troupes catholiques de Louis XIII. Rescapée du saccage, la Babote fut rehaussée une première fois en 1365, puis surmontée en 1745 par la Société Royale des Sciences d'un observatoire astronomique auquel on ajouta un étage en 1788. Haut de 26 m, ce monument original marque aujourd'hui la pointe sud de l'écusson et a été récemment confié à la Société Astronomique de l'Hérault afin qu'elle retrouve sa vocation scientifique historique. Depuis l'éclipse totale de soleil intervenue le 2 mai 1706 et donnant lieu à l'installation d'une première lunette sur la tour, les Merlin des siècles suivants équipèrent la Babote de matériels astronomiques toujours plus sophistiqués. On y pointa notamment vers les étoiles l'étonnant télescope de Grégory qui est sous vitrine dans la Chapelle des Pénitents d'Aniane. L'inventeur du parachute, Sébastien Lenormand, effectua dit-on en 1783 son premier saut expérimental depuis le sommet de la tour que l'on équipa plus tard du télégraphe Chappe (de 1832 à 1855). Le révolutionnaire télescope de Foucault, acheté en 1879 pour l'observation du passage de Vénus devant le soleil prévu pour 1882, fut en revanche installé sous la coupole du Pavillon Astronomique du Jardin des Plantes (aujourd'hui "Planétarium").

The Babote tower and the Pins tower are the two remaining towers of the wall erected in the 12th century by Guilhem VIth. At that time the wall was 2 metres wide and 8 metres high. There were 25 towers and 11 gateways. It was destroyed in 1620 during the siege of the town by Louis XIIIth's catholic troups. The Babote tower was not destroyed and in 1745 it was surmounted with an astronomical observatory. In 1788 an extra floor was added to the top of the tower. The height now is 26 m.

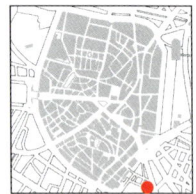

Face à la gare se tient le petit square Planchon où l'eau, particulièrement calcaire dans la région, a réalisé sur la fontaine un étonnant "chou-fleur" moussu. Sous les essences exotiques de ce parc que les étourneaux en migration noircissent chaque automne, se tiennent deux monuments de pierre. Le premier fut élevé en 1894 à la gloire du botaniste Jules-Emile Planchon qui réussit à stopper l'épidémie de phylloxéra de 1865 en fixant des greffons de vignes françaises sur des pieds américains. Ce buste, signé Guéry, remplace celui en bronze de Baussan qui fut fondu à l'Occupation et voisine depuis un siècle un jeune berger à la flûte de pan intitulé "Le chant rustique" (Durand).

The Square Planchon lies opposite the station. There are two stone monuments in this small park. The first was erected in 1894 in honour of the botanist Jules-Emile Planchon who managed to put an end to the phylloxera epidemic in 1865 by grafting American stocks to the French vines. The second statue called "Le chant rustique" represents a young shepherd with a Pan-pipe (Durand).

Face à l'innocente nudité de ce musicien en herbe se dressent les colonnades du péristyle néo-antique de la gare construite en 1844 pour accueillir dignement les voyageurs et les marchandises convoyés par le train. L'ouverture des lignes Montpellier-Cette (Sète) et Montpellier-Nîmes (1839, 1845), puis la multiplication des voies "d'intérêt local", profitèrent aux fortunes de la région en favorisant l'exportation du vin. La locomotive antique qui trône à l'entrée de la ville A (carrefour de Palavas) fut la dernière en service sur la pittoresque ligne Comédie-Palavas (1872-1968). Des dates de cette glorieuse époque des "bains de mer" se retrouvent sur bien des immeubles de la ville, comme ici face à l'église St-Denis B.

The station, complete with its colonnades, was built in 1844. From 1839 onwards new lines were opened. Many of these contributed to developing prosperity in the area as farmers were able to export their wines. The old locomotive which stands at the entrance to the town used to run from the Place de la Comédie to Palavas (1872-1968).

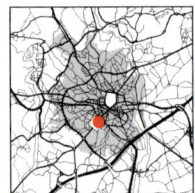

Avant d'aborder vers l'est les quartiers neufs de la ville, levons une dernière fois le nez sur les façades bourgeoises des boulevards qui rayonnent ou gravitent autour de l'Ecusson depuis l'extension à la "Belle Epoque" des faubourgs vers le sud. Les ferronneries ouvragées, les balustres et les surcharges décoratives se succèdent, nous l'avons vu, le long de la rue Maguelone et du bd du Jeu-de-Paume. D'autres orgueilleux exemples sont à découvrir rue de la République, cours Gambetta, avenue Clemenceau, bd de Strasbourg et bd Berthelot. Une seule façade semble s'être risquée, au débouché de l'avenue Clemenceau, à ne pas céder au conventionnel montpelliérain de l'époque en affichant le style "nouille" de l'"art nouveau".

Before heading east towards the new areas of the town, let's take a last look at some of the bourgeois façades that abound along the boulevards around the city centre. On the corner of the Avenue Clemenceau one 'art nouveau' building appears to have been an exception to the conventional style of the period.

Issues de l'Antiquité comme les atlantes, les cariatides sont les versions féminines de ces géants mais, n'ayant pas combattu avec eux contre les dieux, celles-ci ne sont pas condamnées pour l'éternité à la souffrance. On les retrouve ainsi sous certains balcons de la ville, dans des attitudes calmes et rassurantes, figurant la vertu, l'intelligence et, toujours, la beauté… comme les canons en la matière fluctuent suivant les époques, certaines maîtresses femmes inspirent aujourd'hui plus la crainte que le câlin. Aussi, les bras de Mesdemoiselles "Université", "Agriculture", "Commerce" et "Artisanat", sculptés place de la Comédie par Germain Ribier, ne trouvent depuis plus d'un siècle aucun galant à étreindre. Le bruit court même, sur l'Œuf, que par dépit les quatre matrones auraient lâché un sort maléfique dans l'appartement dont elles encadrent les fenêtres. Les amateurs de rondeurs potelées s'attendrissent enfin devant les amours qui animent les allégories des frontons de certains hôtels particuliers (voir pages suivantes). Ici, peinant comme un atlante, cette cariatide supporte depuis le XIXe siècle la charge d'un balcon à balustres dans un jardin bourgeois du Cours Gambetta. Ci-dessus, poitrine gonflée et sourire aux lèvres, une autre version de la féminité, place Edouard-Adam.

Similarly to atlantes, caryatids date back to the ancient Greek civilization. Caryatids are the female version of these giants, but unlike atlantes who fought against the gods, caryatids are not sentenced to suffer for eternity. They can be seen under balconies, posing in a peaceful and reassuring manner that symbolizes virtue, intelligence and, of course, beauty… This last trait has varied over the centuries and today some of these female mistresses look distinctly uncuddly looking. Mesdemoiselles "University", "Agriculture", "Commerce" and "Artisanat" on the Place de la Comédie for instance, have waited over 100 years to be embraced by a gentleman. The rumour has it that these caryatids may have cast a spell out of spite on the apartment the windows of which they surround. Amateurs of more rounded curves fall for the allegories on the façades of many bourgeois town houses.

A Place de la Comédie. "Artisanat" et "Commerce" de Germain Ribier.
B Rue Fournarié, hôtel d'Alco. Le vase et le bouquet floral symbolisent les jardins de la dépendance champêtre de l'hôtel : le château d'Alco.
C Rue du Général-Maureilhan. Deux amours trouvent à boire et à se chauffer sur le fronton d'une demeure plus modeste.
D Rue des Trésoriers-de-la-Bourse, hôtel de Rodez-Bénavent. Les amours sont ici quatre à vanter la fortune des trésoriers royaux du Languedoc. L'allégorie renvoie cette fois aux jardins somptueux du château des Bonnier de La Mosson.
E Rue de Verdun. Copie récente d'une "Fontaine Wallace".
F Place de la Comédie. Sous un chapiteau ionique, "L'architecture".
G Grand-rue Jean-Moulin. L'élégance en personne.
H Rue Saint-Guilhem. Qu'il neige ou qu'il vente…
I Rue de l'Aiguillerie.
J Place de la Canourgue, hôtel Richer de Belleval. Sur des vers de Verlaine, le doux air de la flûte de Pan.

La ville se développe de nos jours vers l'Est en direction des rives du Lez et, à 12 km seulement, de la Méditerranée. Les nouveaux quartiers d'Antigone que chaque visiteur s'empresse d'aller voir, réhabilitent les 25 h des terrains militaires qui dépendaient de la citadelle A dont les remparts courent toujours le long de l'Esplanade, de la nouvelle mairie et du quartier administratif. Cette citadelle fut construite après le siège de Montpellier par les troupes de Louis XIII en 1622. La ville, tenue par les protestants, se livra aux catholiques et fut dès lors tenue en respect par les canons pointés sur elle depuis leurs créneaux. La forteresse servit de prison au XVIIIe siècle, ce qui lui valut d'être assaillie comme une "Bastille" à la Révolution et d'y voir exposées durant plusieurs décennies les têtes des condamnés à la guillotine. L'enceinte aujourd'hui paisible, abrite depuis 1947 le lycée Joffre, et sert de décor à des plantations exotiques. Ici des cannas et des palmiers bleus.

The city is spreading today to the east, heading towards the banks of the river Lez and, only 12km away, the Mediterranean. The new area of Antigone rehabilitated the military grounds that belonged to the stronghold, the ramparts of which still run along the Esplanade, past the Town Hall and the new office blocks. This stronghold was built after the siege of Montpellier by Louis XIIIth's troups in 1622. During the XVIIIth century the fort was used as a jail. Since 1947 it has been converted into a secondary school (Lycée Joffre).

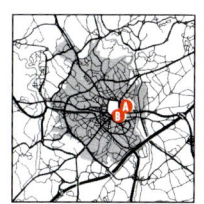

Depuis la place de la Comédie, il est aisé de rejoindre Antigone à pied en longeant l'immeuble vertigineux du Triangle contre lequel s'adosse la librairie-verrière Sauramps (3ᵉ plus grande librairie de France), puis en traversant le centre commercial du Polygone qui fut dans les années soixante-dix l'un des premiers sur plusieurs niveaux B (le mot "polygone" rappelle le champ de tir qui dépendait autrefois ici de la Citadelle). Il faut descendre d'un niveau dans cette grosse ruche climatisée pour trouver à travers les "Galeries Lafayette" la sortie opposée qui s'ouvre sur les "Echelles de la Ville" (ci-dessous) et accède à un autre monde…

It is easy to get to the Antigone area from the Place de la Comédie. Go past the high 'Triangle' building in the direction of the Polygone shopping centre. Go right through the shopping centre and again through the Galeries Lafayette department store to the "Echelles de la Ville", and the steps down to this different world (Antigone).

Dans son concept initial, le quartier d'Antigone se veut l'image de la Renaissance de Montpellier, l'ouverture de la ville vers l'avenir tout en s'affichant résolument méditerranéenne. Le catalan Ricardo Bofill à qui fut confié cette ambitieuse réalisation, trouva en 1979 dans l'architecture classique les lignes de son inspiration et les ordonna en "Anti(Poly)gone" de façon ouverte vers la mer, en suivant un axe ponctué par des places et des artères réparties en éventail vers l'est. Cet axe s'inspire de celui qui, vers l'ouest, structura Montpellier lors des siècles précédents et dont la colonne vertébrale, véritable cordon ombilical car source de vie, fut l'Aqueduc des Arceaux. L'eau du Lez n'arrivant plus par la "rigole" de Pitot, la ville a ainsi décidé de rejoindre elle-même la rivière.

Initially Antigone was to be the image of the Renaissance of Montpellier. The Catalan architect Ricardo Bofill, to whom the project was entrusted in 1979, found his inspiration in a neo-classical style architecture. The new area was built following an eastward facing axis. This axis was not unlike that of the Arceaux aqueduct to the west of the town.

L'œuvre de Bofill et de son équipe (Taller de arquitectura), plaquée de pilastres et de frontons antiques, s'articule sur de gigantesques charnières en forme de colonnes doriques et défie sur ses corniches les lois de la pesanteur. Cette hardiesse fut rendue possible par l'usage savant du béton armé que l'on teinta dans la masse pour évoquer la pierre de taille, dite "de Castries", ce calcaire coquillier cher aux ouvrages de prestige de l'Ancien Régime. Le chantier démarra en 1982 par la place circulaire du Nombre d'Or (ci-contre) et se développa vers l'est par les places du Millénaire, de Thessalie et du Péloponnèse jusqu'au Port Juvénal sur le Lez et ses guinguettes, centrées dans l'immense arc de cercle de l'esplanade de l'Europe. Les logement HLM qui entourent la place du Nombre d'Or prouvent qu'il est enfin possible de faire à la fois du beau et du social.

Defying the laws of gravity the buildings in Bofill's project are lined with ancient pilasters and pediments. Works began in 1982 with the construction of the Place du Nombre d'Or (shown here) and continued to the east to Port Juvenal by the river Lez.

Le Port Juvénal que l'on découvre ici depuis l'Hôtel de Région, cerné par l'amphithéâtre de l'esplanade de l'Europe, sert d'écrin à une œuvre de bronze signée du catalan Fenosa. Selon l'artiste, il s'agirait de Roland portant sur le dos son cheval mort d'épuisement en arrivant au col de Roncevaux. Le groupe folklorique "La Garriga" fête à proximité l'inauguration d'une nouvelle guinguette. Les jolies "grisettes" de Montpellier dansent ici avec leurs compagnons, les "farandoleurs", accompagnés par des "hautboitistes" et un "tambourinet", sous l'œil attendri de quelques barons de Caravètes. Veillé par l'impressionnant bastion de verre de l'Hôtel de Région, le quartier d'Antigone s'équipe (en exemple, ci-dessous, la Piscine Olympique) et se développe d'année en année en suivant les rives du Lez dont le cours aménagé (parfois impétueux) est aujourd'hui maîtrisé et permet l'ouverture prochaine d'un port de plaisance.

The Port Juvenal seen here from the Regional Council building (Hotel de la Région) is surrounded by the vast Esplanade de l'Europe. The bronze statue here was made by the Catalan Fenosa. He claims that it is Roland arriving at the Roncevaux pass. His horse has died of exhaustion and he is carrying it on his back. The Antigone area is still growing (as shown here the recently completed Olympic swimming pool) and follows the banks of the Lez down towards the sea. Among the future projects is a pleasure harbour.

Le modelé parfait de "La Chanson du Vin" illumine la toute récente Place Jean-Bène. Cette jeune danseuse radieuse et sensuelle à souhait, naquit d'un bloc de marbre blanc en 1913 sous le maillet du sculpteur avignonnais Marius Saïn, alors âgé de 36 ans. L'œuvre fut présentée au Salon de Paris de 1914 (cliché ci-dessus) puis achetée par la Ville de Montpellier. Cette nudité éclaira les regards des promeneurs de l'Esplanade jusqu'en 1965. Elle suivit alors jusqu'à Fréjorgues le traditionnel "Salon International de la Vigne et du Vin", puis s'échoua parmi les rebuts de chantier du parc d'exposition. Retour de destin en 1996, le sourire mutin de la belle inconnue attendrit deux étudiants de l'Ecole d'Architecture de Montpellier qui réussirent à la tirer de l'oubli. La blancheur du marbre retrouvée, "La Chanson du Vin" semble désormais vouloir s'envoler de son piédestal pour retrouver en aval du Lez les guinguettes d'antan et plaire aux canotiers.

The superb statue of the "Chanson du Vin" adorns the recently completed Place Jean Bène. This radiant and extremely sensual female dancer was made in 1913 by the sculptor Marius Saïn. The statue was exhibited in 1914 on the occasion of the Salon de Paris, following which it was bought by the city of Montpellier and erected on the Esplanade until 1965. The statue was then moved to Fréjorgues where the city's international trade fair is held each year. After a while the statue was to be put aside and forgotten. In 1996, however, two students from the Ecole d'Architecture of Montpellier fell in love with the statue and succeeded in bringing it back to life. Now that it has been polished the "Chanson du Vin" looks as though it is about to fly off its pedestal and join the boatmen along the river.

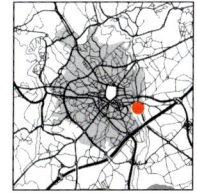

Avant de partir à la découverte du Pays de Montpellier rejoignons l'un des poumons verts de la ville, situé à mi-chemin entre le Moulin de l'Evêque, réhabilité en Office du Tourisme à la porte de la cité B, et l'aéroport international Montpellier-Méditerranée (Fréjorgues). Sur le vaste domaine de Grammont se complètent en effet le parc du château arboré d'essences rares et rafraîchi par cette exquise fontaine A, le bois de Chaumière dont les pins et les chênes verts ombragent un parcours de santé, et le centre horticole de la ville où se tient notamment le Conservatoire National du Canna, la fleur emblématique de Montpellier.

Before leaving Montpellier and taking a look at the surrounding countryside, the huge Grammont estate on the way out towards the airport is well worth a visit. Here one finds facilities for all types of outdoor sports, a beautiful park shaded by pine trees and evergreen oaks and... a château. This beautiful little fountain lives in the gardens there.

Les Montpelliérains fréquentent le domaine à tout âge et pour les raisons les plus diverses. Ils profitent le jour des nombreux terrains et installations sportives (centre équestre, aire de skateboard, piste d'automodélisme, etc.), et la nuit des multiples espaces culturels ("Théâtre des Treize Vents" de 600 places, "Zénith" de 6000 places, "Espace Rock" jusqu'à 80 000 spectateurs !). Ils viennent aussi s'y marier civilement, car le château de Grammont est une annexe de la mairie. Certains choisissent aussi de venir, post mortem, dans l'un des complexes funéraires les plus modernes d'Europe. En un mot, seule la bénédiction nuptiale n'est pas proposée au domaine car le clergé prit la chapelle en grippe lorsque les mandarins de la faculté de médecine, propriétaire du château et de ses dépendances à la fin du siècle dernier, firent placer leur propre visage sur les saints des vitraux (les photographies sur verre sont toujours en place).

The people living in Montpellier come to the Grammont estate for all sorts of reasons. As it has already been mentioned some come for the sports facilities, but there is also a theatre, a concert hall (Zenith), an "Espace Rock" for big open air concerts for up to 80 000 people ! It is here that one comes to get married (the Grammont château is an annexe to the town hall). Others come, post mortem, since Grammont is equipped with one of the most modern funeral complexes in Europe.

B

le pays de Montpellier

Une ville n'est ce qu'elle est que pour des raisons simples et naturelles qui tiennent essentiellement à sa géographie, laquelle influence ensuite son histoire. Montpellier, la belle méditerranéenne, ne doit pas son attirance au seul soleil qui l'inonde de ses rayons plus de 300 jours par an, mais à son environnement original et particulièrement varié. A 12 km seulement du centre ville, la mer étale ses plages le long d'un lido qui court derrière des étangs depuis la Camargue jusqu'à Perpignan. Elle constitue, bien évidemment, un attrait certain pour les touristes l'été et s'offre à la baignade des "Clapassiers" le reste de l'année. Mais la garrigue, cette autre mer, à la fois secrète et parfumée, où moutonnent les écumes chaudes de calcaire, s'étend à la porte même de la cité. Ce désert apparent recèle, pour notre bonheur, un nombre infini de curiosités semées par la nature et l'histoire. Les rivières y ont creusé de profondes gorges ainsi que des galeries souterraines complexes. Depuis 8 000 ans, les hommes y ont élevé, puis entassé les pierres sèches, pour leur sépulture, leur habitat et leur défense (dolmens, oppidums, capitelles, etc.). Ils y ont enfin tracé des chemins et bâti des ponts, des moulins, des châteaux et des sanctuaires religieux. Des édifices abandonnés à la garrigue depuis de nombreux siècles dont les vestiges émouvants sont autant d'objectifs pour les promenades dominicales des citadins. Voici donc un rapide tour d'horizon du pays de Montpellier, depuis les "folies" Grand Siècle de la périphérie urbaine, jusqu'à Palavas dont les étangs se blanchissent de flamants, en passant par Saint-Guilhem-le-Désert dont l'illustre abbaye se niche à la porte du Cirque du Bout du Monde.

The attraction of Montpellier lies not only in the fact that it enjoys over 300 days of sunshine a year. All around the town the countryside is both unique and extremely varied. From Perpignan to the Camargue one finds salt water lagoons the other side of which a strip of sandy beaches runs along the Mediterranean coast line. The beach here is only 12 km from the city centre. The garrigue, on the other side of the town, is another sea. There are innumerable things to be found here by the discerning visitor. Water has cut deep gorges and underground grottoes through the calcareous rock. Man has lived here for over 8 000 years, building homes and defending himself against the enemy. There are roads, bridges, mills, castles and old churches to be seen and rediscovered by the Sunday trippers. Here is a general survey of the area surrounding Montpellier, starting with the follies on the outskirts of the town, then moving to Palavas, and inland to St Guilhem le Désert.

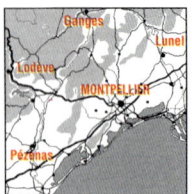

Masquées par des écrans de verdure où bruissent les palmes de quelques essences rares, de somptueuses demeures font la ronde à la lisière même de la ville et transpirent parfois encore la poudre à perruque et le sang bleu. Ces «folies» étaient au XVIIIème siècle les demeures d'agrément de la haute noblesse montpelliéraine et rivalisaient d'orgueil et de luxe.
Certaines familles surent esquiver les affres révolutionnaires et maintenir leur patrimoine en l'état depuis deux siècles, tel ici le Château de Flaugergues du Comte Henri de Colbert.

Hidden from the eye by trees, magnificent dwellings surround the very outskirts of the city.
In the XVIIIth century these extravagantly luxurious châteaux belonged to the nobility of Montpellier. Some of these families managed to survive the horrors of the revolution, maintaining their estate for over two centuries, as in the case here of the Château of Flaugergues which belongs to the Comte Henri de Colbert.

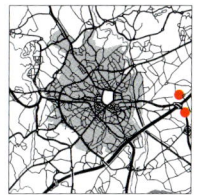

D'autres en revanche, ayant perdu les subsides de leur ancien terroir viticole, se tournent aujourd'hui vers les collectivités locales pour une éventuelle reconversion. A l'instar de Versailles, les jardins «à la française» de ces «folies» méditerranéennes affichaient les symboles les plus raffinés du pouvoir. Taillés dans le marbre ou la pierre de Castries, les jolies marquises, les sphinx, les sirènes, les Neptune et autres bustes antiques, jalonnaient les allées et ornaient les terrasses tandis que les «buffets» rococos, tel ici celui du Château de La Mogère, faisaient jaillir, luxe suprême, d'opulentes gerbes d'eau.

Others, however, deprived of the income from their former vineyards, have fallen into the hands of the local authorities and been converted. Like at Versailles, the alleys and terraces of the «A la française» gardens of these Mediterranean «folies» were adorned with beautiful sphinxes, mermaids, Neptunes and other marble or Castries stone busts. Rococo «buffets» spouted water, like here at the Château de La Mogère.

Le domaine de la Mosson s'étend au sud des tribunes de la Paillade, entre Celleneuve et Juvignac. La carcasse du château des Bonnier, qui fut dépecé lors de la faillite de la famille, trône ici au milieu d'un immense parc rendu à la nature depuis deux siècles, cerné par une ronde de statues mutilées par le temps et la bêtise des gens. En se laissant imprégner par l'atmosphère du site, aujourd'hui propriété de la ville, on perçoit encore, par bribes fugaces, les rires désinvoltes de quelques marquises près du buffet d'eau naufragé au fond du "Jardin de Madame", le rugissement des fauves qui gardaient les fossés de l'entrée et le son de la viole et du clavecin s'échappant du Salon de Musique toujours tapissé de somptueuses gypseries.

The Bonnier de la Mosson estate lies between Celleneuve and Juvignac. The château is in the middle of a huge abandoned park, and surrounded by severely weathered and mutilated statues. The estate belongs now to the town.

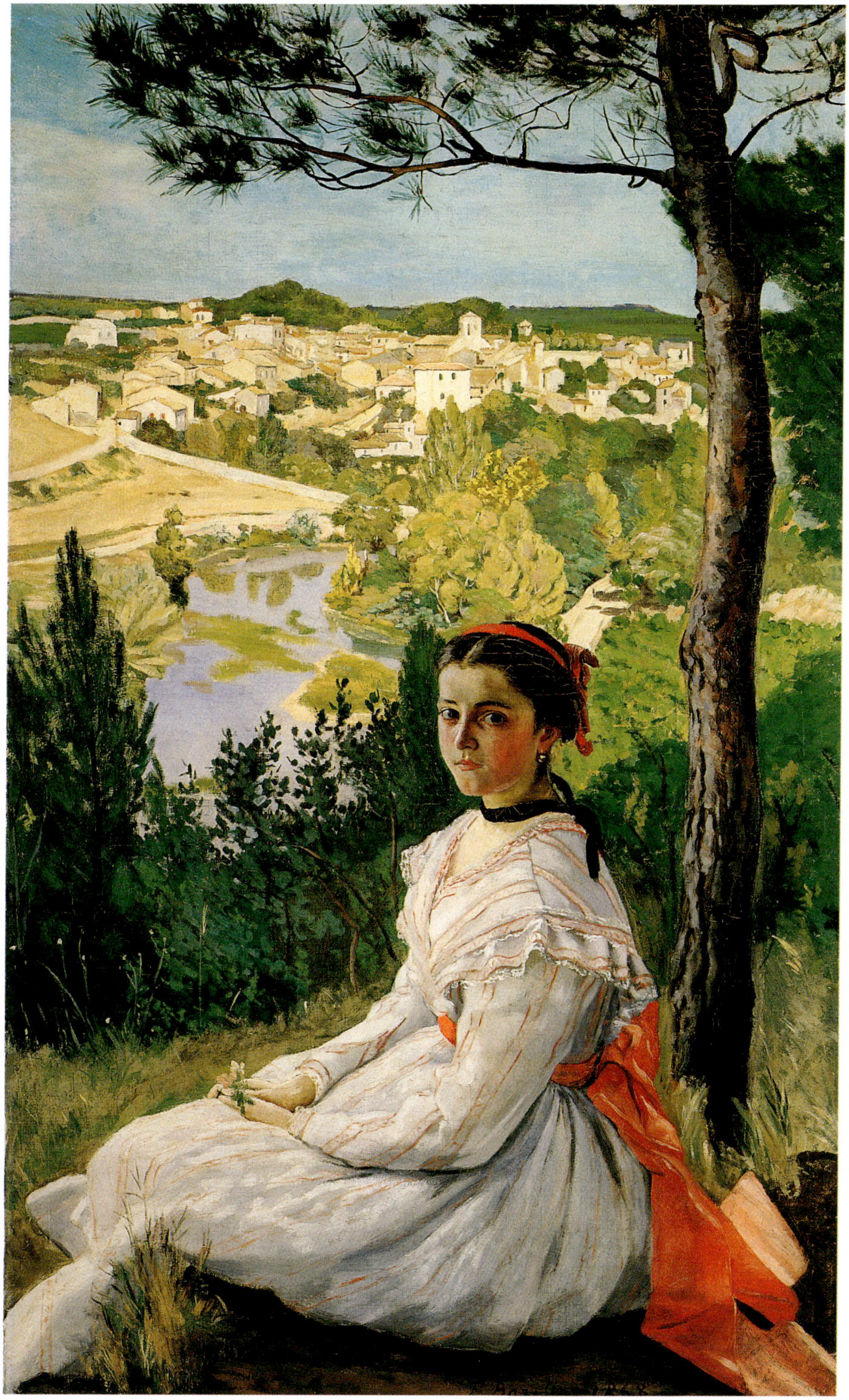

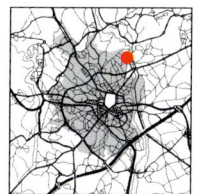

A l'opposé de la ville, veillant cette fois sur le Lez, l'autre douve naturelle de la ville, le domaine de Méric fut, au siècle dernier, la propriété de la famille Bazille dont le fils Frédéric abandonna les études de médecine pour "gagner" Paris et vivre la vie d'artiste (voir page 90). C'est dans ce parc que l'artiste réalisa en 1864 cette "Vue de village" présentée au musée Fabre, et en 1867 la "Réunion de famille", actuellement au musée d'Orsay. La terrasse où s'installa pour la pose la fille du métayer du domaine, est toujours en place près de l'orangerie, surplombant le Lez face au village de Castelnau.

The Meric estate is on the banks of the Lez at the other side of the town. In the 19th century it belonged to the Bazille family whose son dropped out of his studies and went to Paris to become an artist (see page 90). It is in this park that in 1864 Bazille painted his "Vue de village" (Musée Fabre) and the "Réunion de famille" (Musée d'Orsay).

Cliché F. Jaulmes / Musée Fabre

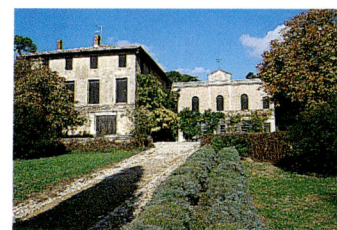

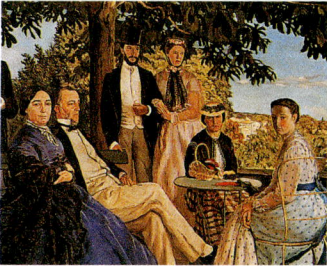

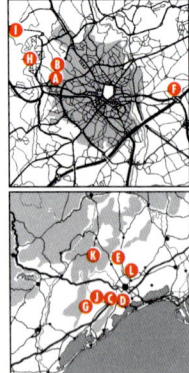

A Le Château ou Mas d'Alco (1730), aujourd'hui "Maison des Elus" pour le Conseil Général de l'Hérault, avenue des Moulins. **B** Le Château d'O (XVIII) et son vaste parc appartiennent également au Conseil Général et servent de cadre prestigieux pour diverses manifestations culturelles, avenue des Moulins. **C** Le Château de Lavérune (XVIII) fut la demeure de Joachim Colbert, l'Evêque de Montpellier et neveu du ministre Colbert. La bâtisse et son parc ombragé par des marronniers sont propriétés du village. **D** Le Château du Terral (IX-XVII) fut résidence d'été de l'Evêque de Maguelone. Il appartient depuis 1986 à la mairie de Saint-Jean-de-Védas qui transforme notamment le chais en théâtre. **E** Le Château de Restinclières (XVIII) trouve une vocation écologique depuis 1990 sous la houlette du Conseil Général, près de Prades-le-Lez. **F** Le Château de Grammont (XVIII) et sa chapelle appartiennent aujourd'hui à la municipalité de Montpellier qui aménage les abords en un formidable lieu de vie consacré au sport et à la culture. **G** Le Château de Pignan (XVII) est aujourd'hui la mairie du village. **H** Le Mas de la Paillade (XVIII) est devenue une annexe de la mairie de Montpellier. Les bâtiments agricoles se sont reconvertis en salles de spectacle. **I** Le Château de Grabels (XVIII). **J** Le Château de Saint-Martin-de-Vignogoul (XVIII) accueille aujourd'hui un centre psychothérapique. **K** Le Château de Cambous (XVII) vient d'être racheté par des Anglais. **L** Le Château de Bocaud (XVIII) est propriété de la municipalité de Jacou depuis 1995.

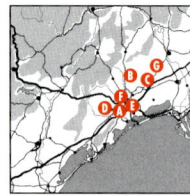

Le Château de Rieu Coulon 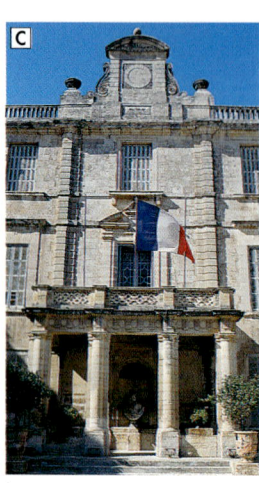 se distingue en retrait du rond-point à la sortie de Montpellier vers Saint-Jean-de-Védas. Il appartient depuis le XVIIIᵉ siècle à la famille Taffanel de la Jonquière dont l'aïeul, marquis, fut nommé par Colbert Gouverneur de la "Nouvelle France" (le Canada). B Le Château d'Assas survit aujourd'hui en servant notamment de décor au tournage de films ("La belle noiseuse", "Le retour de Casanova", etc.). C Le Château de Castries et ses jardins alimentés en eau par un aqueduc qui traverse la campagne sur 7 km, fut le "petit Versailles du Languedoc" et vécut toutes les gloires et les affres de l'histoire de France. Il fut hôpital militaire avant de revenir à la famille de Castries et d'être légué à l'Académie Française à la mort du duc, qui porta l'habit vert en 1973 (la visite s'impose).

L e Château de l'Engarran D fut la folie de la famille Vassal, de riches voituriers du sel. Depuis 1923, ses nouveaux propriétaires, entretiennent la demeure avec goût et exploitent avec succès le domaine viticole environnant. La grille du parc fut celle qui ferma les anciens jardins de la Comédie (près de la petite gare de Palavas, aujourd'hui occupée par le Triangle) et qui fut récupérée au XVIIIe siècle lors du dépeçage du domaine des Bonnier de la Mosson. E Le Château Bon se cache derrière les grands arbres de son parc au sud de Celleneuve, tandis que le Château de la Piscine F laisse entrevoir son entrée sur la route de Lodève entre la gendarmerie et un supermarché. G Le Château de Fontmagne aligne le long de son canal historique les vases qui ornaient le parc du Château de la Mosson.

Le patrimoine religieux de la région connaît également des destins variés. Les invasions sarrasines, les raids sauvages des routiers, les guerres de religion, la Révolution, puis les lois Combes sur la séparation de l'Eglise et de l'Etat, furent des épreuves traversées rarement sans encombre par nos édifices romans et gothiques. **A** L'église de l'ancienne abbaye de Vignogoul est désaffectée depuis sa vente comme bien national à la Révolution. **B** L'abbaye de Valmagne, son cloître florentin et sa cathédrale gothique, se prêtent à la visite près de Villeveyrac. Il fut le palais épiscopal (et épicurien) du Cardinal de Bonzi, le prélat le plus éminent du Languedoc sous Louis XIV. Saisi en 1789, le domaine fut vendu comme terre viticole et la cathédrale abrite depuis deux siècles d'immenses foudres de vin...

The Romanesque and Gothic churches have endured Saracen invasions, religious wars, the Revolution and Combes' laws which separated the Church from the State. The gothic church of the old Vignogoul abbey has been secularized since it was sold at the time of the Revolution. Valmagne abbey and its gothic cathedral are well worth a visit. This edifice used to belong to the Cardinal Bonzi under Louis XIV. The abbey was seized in 1789, and sold to farmers. Wine has been stored in huge wooden vats in the cathedral for over two hundred years!

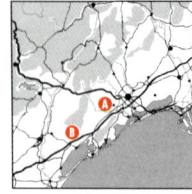

Les ruines de l'abbaye de Saint-Félix-de-Monceau **A** se perchent sur un éperon de la Gardiole au dessus de l'étang de Thau. Le luxe peu monacal de cette abbaye bénédictine, enrichie par des donations, valut bien des remontrances aux moniales et attira les pillards qui terrorisèrent la région dès le XIVe siècle. La communauté religieuse abandonna le site en 1514 pour se réfugier en contrebas derrière les remparts de Gigean. **B** Notre-Dame-de-Grâce, son chemin de croix néogothique et sa Chapelle des Miracles veille sur Gignac depuis le Mont-Calvaire. L'édifice fut entièrement détruit à deux reprises par les protestants. **C** Fleuron de l'architecture romane autrefois dépendant de l'abbaye de Gellone (Saint-Guilhem-le-Désert), l'église de Saint-Martin-de-Londres dresse ses lignes harmonieuses au centre du claustre, le cœur médiéval du village.

The ruins of Saint-Felix-de-Monceau abbey stand on the Gardiole mountain range above the Thau salt water lagoon. This Benedictine abbey was looted as early as the XIVth century and abandoned by the religious community in 1514. Notre Dame de Grâce and the Chapelle des Miracles watch over the village of Gignac from the Mont-Calvaire. The edifice was destroyed twice by the protestants. The church of St Martin-de-Londres, in the heart of the medieval village is one of the best examples of Romanesque architecture in the area. This church used to be attached to Gellone abbey (St Guilhem le Désert).

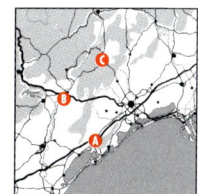

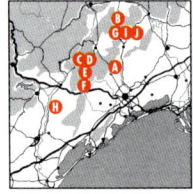

Lorsque nous évoquons les menhirs et les dolmens, il nous vient des visions de landes bretonnes battues par les embruns vivifiants de l'Atlantique... En réalité, les Gaulois entasseurs et éleveurs de pierres furent plus actifs dans nos garrigues que partout ailleurs en France. Il y a 5000 ans déjà, les Obélix des civilisations de "Ferrières" puis de "Fontbouisse", semèrent sur les flancs de nos collines leurs innombrables sépultures mégalithiques. En voici quelques exemples :

A La baume-cathédrale de Coucolières, près des Matelles. **B** Le dolmen de Ferrières sur le Causse de Pompignan. **C** La tombe anthropomorphe de Cazarils, près de Viols-le-Fort. **D** Une reconstitution de cabane sur le site de Cambous. **E** La forteresse de Boussargues, au dessus de Cantagrils. **F** Le dolmen de Vailhauquès. **G** Le dolmen du Lamalou, près de la source de cet affluent de l'Hérault. **H** Le dolmen du Pouget. **I** Le dolmen de Rouet et sa tour de berger. **J** Le menhir de Jouilles (5,30 m de haut pour 20 cm d'épaisseur).

Plus tard, principalement sous la Seconde République, les "gens de peu" : "bouscatiers" (charbonniers), bergers et petits agriculteurs, élevèrent des abris de pierres sèches (sans mortier) avec plus ou moins d'habileté. Voici quelques "capitelles" ou "oustalets" de nos garrigues :

A Perdue dans les vignes de Villeveyrac, une capitelle hémisphérique.
B La "Cabane à Malais" près de Souvignargues, sans doute une des plus parfaites.
C Sous les chênes verts d'Aujargues.
D Dominant le Salagou, la capitelle à étages du plateau de l'Auverne.
E Réalisée en "ruffe" rouge au Canyon du Diable, près de Saint-Jean-de-la-Blaquière.
F La "tour de berger" de Jouilles.
G A Aubais, une étonnante capitelle-sombrero.

Dolmens and other standing stones call to mind the battered countryside of Brittany, the land of the Gauls. Actually, the Gauls were busier here in our garrigues than anywhere else in France. 5 000 years ago the Gauls of the "Ferrières" and "Fontbouisse" civilizations were already erecting megalithic sepultures on the hills in this area.

Later, essentially during the Second Republic, shepherds, woodmen and small-time farmers built dry stone shelters in the garrigues. These were called "capitelles" or "oustalets".

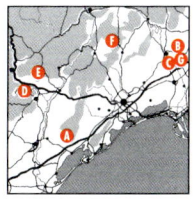

Compressé contre le vieux Massif Central par l'érection des Pyrénées, le mille-feuille calcaire de la garrigue se plisse et se craque depuis 40 millions d'années. Profitant d'une faille à une quinzaine de km au Nord de la ville, les rebords du gâteau s'élancèrent vers le ciel sur 658 mètres pour former le majestueux Pic Saint Loup, le site le plus sublime, quasi totémique, des Montpelliérains. Face à cette montagne magique, les falaises de l'Hortus, déjà percées de grottes préhistoriques, sont équipées de pitons pour l'escalade. Bâties en nid d'aigle sur ces deux arêtes vertigineuses, les Châteaux de Montferrand (à droite) et de Viviourès (ci-dessus) se font face depuis le Moyen-Âge et offrent aujourd'hui à la curiosité des randonneurs des ruines insolites au dessus desquelles tournoient les planeurs, les rapaces... et les légendes.

Compressed between the older mountains of the Massif Central and the Pyrenees, the garrigue has been pushed and cracked for 40 million years. On the edge of a fault about 15 kilometres north of Montpellier the land sprang up towards the sky, reaching an altitude of 658 metres, and forming what is known today as the Pic Saint Loup. It is by far the most spectacular and favourite spot for the people living in Montpellier. Opposite one sees the cliffs of the Hortus where people go rockclimbing. Hill climbers visit the ruins of the Montferrand and Viviourès castles, complete with gliders and birds of prey above, and legends...

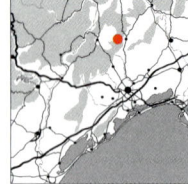

Lors de la "Poussée des Pyrénées" le fond calcaire de la mer qui occupait notre région, bloqué par le vieux Massif Central, surgit hors de l'eau et se plissa pour former nos garrigues, nommées en géologie "Pli de Montpellier". Au fur et à mesure de la montée lente du sol, les rivières creusèrent et creusent encore en surface de profondes gorges en créant parfois dans les falaises des arches naturelles telles que le Ravin des Arcs, le premier objectif de balade des Montpelliérains (ci-dessus). Pour échapper à la canicule, cette eau trouva enfin sous terre leurs quartiers d'été en façonnant, aidé par la dissolution du gaz carbonique collecté en surface, des réseaux inextricables de galeries jalonnées de salles

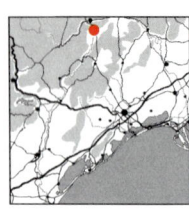

parfois gigantesques. Plus envoûtant qu'inquiétant, ce monde fut autrefois le refuge de messieurs Neandertal et Cro Magnon ainsi que d'ours de caverne (ici le squelette trouvé dans la grotte des Demoiselles). Il est aujourd'hui le domaine privilégié d'investigation de tous les sportifs spéléos d'Europe. Les grottes les plus incroyables du pays de Montpellier, pour la démesure de leurs volumes comme pour la folie de leurs concrétions minérales, se sont équipées pour la visite du tout un chacun à qui elles réservent de réels chocs émotionnels. Ainsi devant la "Vierge à l'Enfant" de la Grotte des Demoiselles, ici érigée devant les "Grandes Orgues" de cette cathédrale souterraine, comment ne pas donner à cette réalisation naturelle un sens divin ?...

40 million years ago the limestone sea bed of our region was compressed between the Massif Central and the Pyrenees, pushing it upwards to form what is now known as the garrigue. Rivers began cutting into the rocks, making deep gorges and sometimes even arches through the garrigue, like at the Ravin des Arcs, locally known to be the most popular Sunday walk. Thousands of years ago Neanderthal and Cro Magnon would take refuge and shelter in the many undergound caves. Today these same caves are a major attraction to sporting potholers from all over Europe. The more spectacular caves are now open to the public. Here we see the "Vierge à l'Enfant" (Virgin and Child) at the Grotte des Demoiselles, in front of the "Grandes Orgues" (big organs).

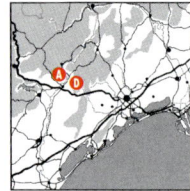

A l'entrée des gorges de l'Hérault A, ici dévalant depuis le Roc de la Vigne jusqu'au Pont du Diable entre les monts de Saint-Guilhem à gauche et le causse de Puéchabon à droite, se présente l'entrée de la grotte de Clamouse dont la visite est complémentaire à celle des Demoiselles pour la délicatesse de ses concrétions "excentriques" C, ses "aragonites" ébouriffées B, ses chevelures de "fistuleuses", ses "perles" de caverne et ses "brosses à dents", etc. Les vins de l'Hérault, "élevés" avec science et bonheur depuis la reconversion des cépages et des méthodes de vinification ont acquis de nouvelles lettres de noblesse. Ici, entre Gignac et Aniane, l'élégant escalier du Château Capion D.

The entrance to Clamouse cave is at the bottom end of the gorges of the river Hérault which separates the Saint-Guilhem hills on the left from the Puéchabon Causse on the right. A visit to Clamouse cave ideally supplements that of the Demoiselles cave. Smaller in size, the breathtaking concretions are beautifully delicate and "excentric". New winemaking methods and vine varietals, planted over the past decade or so, have led to much improved wines in the Hérault area. Here, between Gignac et Aniane, the elegant stairway at Château Capion.

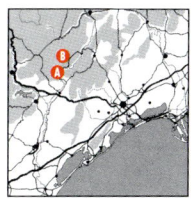

Le village médiéval de Saint-Guilhem-le-Désert A s'étire le long du ruisseau du Verdus et donne accès, depuis les gorges de l'Hérault, à l'impressionnant Cirque du Bout du Monde. L'abbaye fut fondée en l'an 804 par le comte Guilhem de Toulouse, petit-fils de Charles Martel, encore appelé "Guillaume au court nez" ou "Guillaume fièrebrace" lors de ses actes de bravoure contre les Sarrasins. La gloire de ce héros protégé de Charlemagne rejaillit sur ce lieu où il prit sa retraite et qui devint ensuite une étape obligée sur la route de Saint-Jacques-de-Compostelle. L'abbaye et son cloître roman sont aujourd'hui des points de départ pour de fabuleuses randonnées dans les monts de Saint-Guilhem, sur les chemins de pèlerinage, vers des sites vertigineux, des grottes énigmatiques et des chapelles oubliées. Ici, Notre-Dame-de-Lieu-Plaisant B.

The medieval village of St Guilhem-le-Désert stretches up the valley of the river Verdus from the Gorges of the Hérault. The impressive cirque of the Bout du Monde (the end of the world) is right up at the top end of the valley. The abbey was founded in 804 by Guilhem de Toulouse, Charles Martel's grandson. Because of his acts of bravery against the Saracens he was treated like a hero and protected by Charlemagne. The abbey developed into an indispensable stop-over for pilgrims on their way to Santiago de Compostela. The abbey is an excellent starting point for walks in the hills behind St Guilhem.

A l'Ouest de Clermont-l'Hérault, le pays du Salagou nappe de couleurs étonnantes une géologie particulièrement extravagante. Au creux de la "ruffe" lie de vin se prélasse un lac équipé de bases nautiques A, cerné par des plateaux de basalte noir et d'anciennes cheminées volcaniques. Cette ruffe se ravine à tel point qu'elle creuse par endroit des canyons vertigineux comme ici près de Saint-Jean-de-la-Blaquière B, et qu'elle exhume régulièrement sur ses strates, les traces du passage d'hallucinantes créatures préhistoriques (certaines à la Lieude remontent à l'ère primaire). Niché contre le Mont Liausson, le Cirque dolomitique de Mourèze a confié à la nature le soin de sculpter dans le calcaire des centaines de figures fantasmagoriques comme ici une "Sirène" C, une "Chimère" D et une "Tête de mort" E...

A short distance from Clermont l'Hérault, the colours and the geology of the Salagou area are both extravagant and surprising. The artificial Salagou lake is surrounded by old volcano chimneys and black basalt plateaux. In places the erosion is such that staggering canyons cut through the hillside, like here at St-Jean-de-la-Blaquière. The Mourèze cirque, on the hills of Mont Liausson offers a bewildering sight of limestone rock formations.

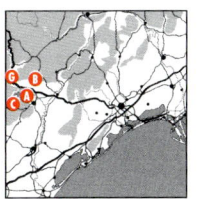

...À moins que derrière le hasard ne se cachent d'authentiques sculpteurs préhistoriques (de récentes découvertes intriguent les spécialistes). Paul Dardé, artiste en revanche très concret, fut sur la première lancée de notre siècle un statuaire reconnu de tempérament, aussi talentueux que farouchement réaliste, dont l'une des œuvres maîtresses, le monument aux Morts de la ville de Lodève F, attend votre admiration à deux pas de la cathédrale gothique Saint-Fulcran G. Le puissant Evêque de Lodève, Fulcran, décéda en 1006 après une vie tumultueuse. Adulé par les fidèles, il fut canonisé un siècle après sa mort lorsque sa dépouille fut retrouvée miraculeusement intacte. Les restes du saint lodévois sont exposés dans une châsse à l'intérieur de la cathédrale.

The sculptor Paul Dardé at the beginning of this century was known to be a man of character. The frighteningly realistic war memorial, near the gothic Saint-Fulcran cathedral in Lodève, is one of his most famous works. Saint-Fulcran was canonized 100 years after his death in 1006 when his mortal remains were found to be miraculously intact. His remains may now be seen in a shrine in the cathedral.

L'étape de Lodève figurait au XIIᵉ siècle sur la route de Saint-Jacques qui passait depuis Saint-Gilles par Saint-Guilhem, Arboras A, puis Usclas-du-Bosc où les Hospitaliers de l'Ordre de Malte attendaient les "Jacquots" malades pour les soigner. Les pèlerins, les notables de la région et les médecins qui trouvaient à Usclas le repos éternel, étaient enterrés sur place sous une stèle funéraire "discoïdale" B, taillée par les artisans meuliers du village. Ce type original de stèle se répandit dès lors jusqu'en Espagne. On retrouva 52 de ces disques-fiches d'identité du XIIᵉ siècle dans le cimetière d'Usclas.

In the XIIth century Lodève was one of the pilgrims' stopping places on the way to Santiago de Compostela. In the little village of Usclas de Bosc nearby, the sick pilgrims were treated by the Hospitaliers de l'Ordre. Pilgrims, the nobility and doctors from the region were buried on the spot under these particularly shaped tombstones. 52 of these XIIth century stones have been found in the cemetary at Usclas-de-Bosc.

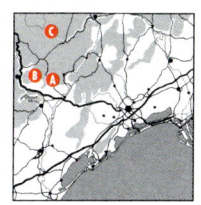

Durant des siècles, la ville de Lodève et le village d'Arboras furent, pour les convois muletiers de marchandises en provenance des ports méditerranéens comme pour les troupeaux de moutons en transhumance, les deux seuils du Massif Central conduisant plus loin vers Paris. Aujourd'hui, ces deux portes s'ouvrent, pour l'émerveillement des touristes, vers les sites historiques et naturels du Larzac : les caves de Roquefort, la cité templière de La Couvertoirade et le grandiose Cirque de Navacelles C, ce méandre abandonné par la rivière de la Vis au fond de gorges vertigineuses (300 m).

For many hundreds of years muleteers and shepherds leaving the Languedoc plain and the Mediteranean ports had no choice but to go through Lodève or the village of Arboras on their way up towards the Massif Central and Paris. Today these two roads are still gateways to the historical and natural sites of the Larzac plateau : The Roquefort cheese cellars, the village of la Couvertoirade and the spectacular Cirque de Navacelles.

A l'est de Montpellier, les bourgs environnants fêtent chaque année à leur manière des épisodes de leur histoire médiévale où il est toujours question de Sarrasins repoussés, de voisins bastonnés ou d'honneurs accordés aux villageois par de hautes figures des cours de France ou d'Aragon. Ces légendes donnent encore lieu à la vénération d'animaux fantastiques tels que le Poulain de Pézenas **A**, patrie de Molière **B**, l'Ane de Gignac, le Bœuf de Mèze **C**, le Loup de Loupian, le Hérisson de Roujan, le Picard de Saint-Jean-de-Fos, la Chèvre de Montagnac, sans oublier le Cheval, ou "Chivalet", de Montpellier **D** qui célèbre de façon burlesque la réconciliation en 1207 de Marie de Montpellier et de son volage époux Pierre II d'Aragon. A la grande satisfaction des Montpelliérains, ils rentrèrent en ville tous deux sur le même cheval après la nuit où ils conçurent le petit Jacques, futur Jacques 1er, dit "Le Conquérant".

Ailleurs, il est surtout question de combats que l'on célèbre avec bouffonnerie : le "Combat des Sénibelets" de Gignac, le "Branle de la Chemise" de Poussan, les "danses du bâton" et les "Soufflaculs" de Pignan, Aniane, Le Pouget, etc. Des traditions qui mènent au sport, avec les joutes nautiques de Sète et de Palavas E, mais aussi à la guerre, parfois aussi avinée que brutale, sous la loi des "Pailhasses" un jour durant à Cournonterral F.

The villages lying to the east of Montpellier all commemorate their medieval history in their own particular ways. The celebrations usually have something to do with fighting the Saracens, defeating a neighbouring village or being honored by a major figurehead of the Royal court. In Montpellier, the Horse or "chivalet" is brought out each year to celebrate the reconciliation of Marie de Montpellier in 1207 with her husband Pedro II of Aragon. To the great satisfaction of the people in Montpellier, they came into town on the back of the same horse the night after conceiving Jacques (Jacques I, the Conqueror). Elsewhere villagers (Gignac, Poussan, Pignan, Aniane, Le Pouget etc.,) often indulge in buffoonery to commemorate a battle. These traditions have sometimes led to sports like the "joutes" in Sète and Palavas or a real "pailhasses" 'battle' (Cournonterral).

Nous ne pouvons oublier d'évoquer, dans ce tour d'horizon des attraits du pays de Montpellier, à 10 km à peine de la porte est de la ville, le long cordon de sable et de dunes qui s'offre aux amateurs de beach volley ou de crème à bronzer. Le littoral méditerranéen est ici jalonné de cathédrales et de tours, comme la redoute de Balestras A où se tient le musée Albert Dubout et celle du Grand-Travers que l'on s'apprête à déplacer sur un rond-point, la cathédrale romane de Maguelone qui fut fief pontifical au XIIe siècle B, mais aussi les temples du tourisme que sont notamment les pyramides de la Grande-Motte C.

Montpellier is only 10 km from the seaside. Here there is a long strip of beautiful sandy beaches and sand dunes for bathers and beachball players. The Mediterranean is dotted with a number of forts, walled towns, cathedrals and... pyramids (La Grande-Motte) !

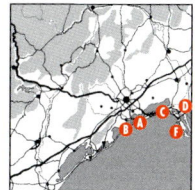

Les étangs s'enchaînent derrière les dunes jusqu'aux montagnes de sel de "La Baleine" et les remparts d'Aigues-Mortes D, le port d'embarquement de Saint Louis pour les croisades. La fête de la Saint-Louis est l'occasion d'un retour au Moyen-Age chaque année au mois d'août E. Le paradis des canards et des échassiers, la Petite Camargue, se répand ensuite vers l'est entre ciel et eau en alternant roselières, sansouïres, rizières et tables salinières que le plancton rosit lors des canicules (Les flamants tirent également leur couleur de ce plancton). La plage et les dunes de l'Espiguette sont enfin l'occasion pour les baigneurs de montrer leur oiseau F...

The long strip of sandy beaches is separated from inland by salt water lagoons. These lagoons, together with the reed beds and paddy fields of the Petite Camargue, are like paradise for ducks, waders and all sorts of other birds. It is the plancton in these lagoons that gives this pink colour to the water. It is also this same plancton that accounts for the pink colour of the flamingoes themselves.

pour en savoir plus

Office du tourisme de Montpellier ....Tél : 04 67 58 67 58
Mairie de Montpellier ....Tél : 04 67 34 70 00
Montpellier au quotidien ....Tél : 04 67 34 72 84
Maison de l'Environnement ....Tél : 04 67 79 72 01
Musée Fabre ....Tél : 04 67 14 83 00
Musée Languedocien ....Tél : 04 67 52 93 03
Musée du Vieux Montpellier ....Tél : 04 67 66 02 94
Musée Atger ....Tél : 04 67 66 27 77
Musée de la Pharmacie ....Tél : 04 67 63 53 60
Jardin des Plantes ....Tél : 04 67 63 43 22
Parc zoologique de Lunaret ....Tél : 04 67 63 43 22
Opéra Comédie ....Tél : 04 67 60 19 99
Le Corum - Palais des Congrès .....Tél : 04 67 61 67 61
Médiathèque F. Fellini ....Tél : 04 67 20 95 85
Carré Sainte-Anne ....Tél : 04 67 60 82 42
Zénith (Grammont) ....Tél : 04 67 64 50 00
Gare SNCF ....Tél : 04 67 58 50 50
TAM (autobus et tramway de la ville) ....Tél : 04 67 22 87 87
Gare routière ....Tél : 04 67 06 03 67
Aéroport Montpellier-Méditerranée ...Tél : 04 67 20 85 00
Air France Europe ....Tél : 08 02 80 28 02
Air Littoral ....Tél : 04 67 65 49 49

Grotte des Demoiselles (St-Bauzille-de-Putois) Tél : 04 67 73 70 02
Grotte de Clamouse (St-Guilhem-le-Désert) Tél : 04 67 57 71 05
Musée archéologique Henri-Prades (Lattes) .Tél : 04 67 65 31 55
Musée Albert Dubout (Palavas-les-Flots) ...Tél : 04 67 68 56 41
Musée Fleury de Lodève ....Tél : 04 67 88 86 10
Musée archéologique des Matelles (mairie) .Tél : 04 67 84 18 68
Musée archéologique de Viols-le-Fort ....Tél : 04 67 55 01 86
Le village gaulois des Courtinals (Mourèze) .Tél : 04 67 96 08 42
Office du tourisme de Clermont-l'Hérault .Tél : 04 67 96 23 86
Office du tourisme de Lodève ....Tél : 04 67 88 86 44
Office du tourisme de Gignac ....Tél : 04 67 57 58 83
Office du tourisme de St-Guilhem-le-Désert : 04 67 57 44 33
Office du tourisme de Pézenas ......Tél : 04 67 98 35 45
Office du tourisme de Ganges ....Tél : 04 67 73 66 40
Office du tourisme de Sète ....Tél : 04 67 74 71 71
Office du tourisme de Palavas-les-Flots ...Tél : 04 67 07 73 34
Office du tourisme de La Grande-Motte ...Tél : 04 67 29 03 37
Office du tourisme d'Aigues-Mortes ...Tél : 04 66 53 73 00
Office du tourisme de Lunel ....Tél : 04 67 71 01 37

la ville de Montpellier est jumelée avec :
Heidelberg (Allemagne), Barcelone (Espagne), Cheng Du (Chine), Tibériade (Israël) et Louisville (Etats-Unis).
Maison de Heidelberg ....Tél : 04 67 60 48 11

la Garrigue grandeur nature

Tous les acteurs et tous les éléments du décor de l'arrière-pays méditerranéen sont ici présentés par Jean-Michel Renault avec, pour chaque espèce, une référence photographique grandeur nature qui fait ouvrir ce grand ouvrage à la fois comme un herbier, une vitrine entomologique et un vivarium.

Deux mille images sont réunies dans les 336 pages format 23 x 31,5 cm de ce beau livre imprimé sur papier satiné 170 g. Diffusé par Vilo Distribution, il est disponible dans toutes les bonnes librairies.

les Curiosités aux portes de Montpellier

Pour la découverte du pays de Montpellier, l'auteur de l'ouvrage que vous tenez en main a réalisé pour vous, avec Cécile, une véritable encyclopédie pratique en trois volumes décryptant les mille et une facettes curieuses de la région, mille et une bonnes raisons pour se balader en famille le week end et s'oxygéner simultanément les poumons et l'esprit.

• Tome 1 : Des "folies" aux "totems", des Matelles aux étangs, des découvertes passionnantes dans l'environnement proche de la ville. 288 pages, 1500 photos et plans précis en couleurs.
• Tome 2 : Du Salagou au Ravin des Arcs en passant par les monts de Saint-Guilhem, des richesses nichées au cœur de sites somptueux. 336 pages, 1700 photos et plans précis en couleurs.
• Tome 3 : Du Pic Saint-Loup à la Petite Camargue en passant par la vallée du Vidourle, des sites insolites pour le week-end (avec Jean-Gilbert Lefebvre), à paraître.

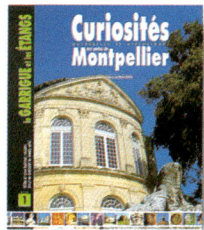
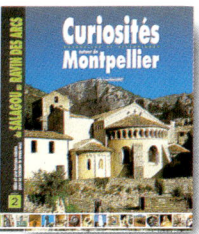

une mine d'informations pour les amateurs de nature

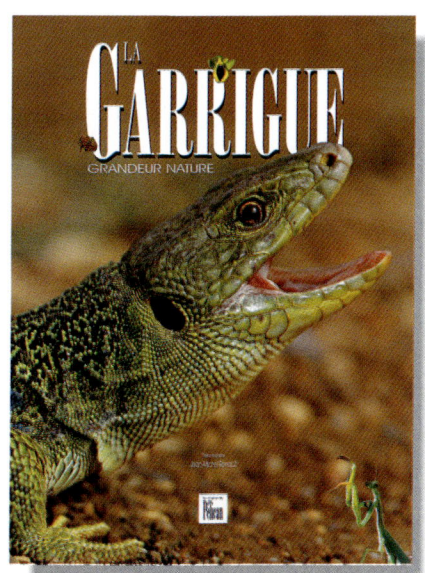

Les promenades en pays de Montpellier sont l'occasion de l'éveil total de nos sens. La garrigue offre en effet une symphonie exécutée par grillons et cigales (de juin à septembre), livre à volonté toutes les fragrances provençales et égaye à tout instant notre regard par des ballets d'insectes multicolores. Voici pour conclure un bref avant-goût de cette chatoyante nature méditerranéenne :

A L'"attachante" salsepareille qui se répand en sous-bois (Smilax aspera). **B** L'ophrys abeille, l'une des nombreuses orchidées printanières de la région (Ophrys apifera). **C** Une punaise particulièrement graphique sur un chardon (Eurygaster maura). **D** La mante religieuse croqueuse de mari (Mantis religiosa). **E** Le Circaète Jean-le-Blanc, grand dévoreur de reptiles (Circaetus gallicus). **F** Le végétarien criquet maquillé (Œdipode soufrée. Œdalus decorus). **G** Le merveilleux jason ou pacha à deux queues (Charaxes jasius). **H** La cigale grise, l'une des trois espèces qui chantent en nos garrigues (Cicada orni). Retrouvez toutes ces espèces, parmi les deux mille présentées dans *la Garrigue grandeur nature*.

sommaire

du charme à la folie 2
repères historiques du Pays de Montpellier 8

la place de la Comédie 16
l'Opéra, les Trois Grâces, le Scaphandrier 18
le Corum, l'Esplanade, le Champ de Mars 24

le quartier aragonais, l'hôtel Saint-Côme 28
rues et hôtels particuliers du quartier 30
Saint-Roch, maisons médiévales 36
les agrafes féminines (mosaïque) 38

le quartier du Peyrou, Sainte-Anne 40
le Palais de Justice 41
la Promenade du Peyrou 42
le Château d'Eau, l'aqueduc des Arceaux 46
les atlantes (mosaïque) 51

le quartier du Cannau, la Préfecture 54
la Canourgue, le quartier de l'Université 57
les hôtels particuliers du quartier 60
les agrafes masculines (mosaïque) 62
la cathédrale Saint-Pierre 64
la Faculté de Médecine 68
le Jardin des Plantes, l'hôpital Saint-Charles 70

le quartier Jacques Cœur, le musée languedocien 74
les rues et les hôtels particuliers du quartier 76
lions et animaux fantastiques (mosaïque) 78
les heurtoirs de porte (mosaïque) 80
la place Pétrarque, l'hôtel de Grave, le musée Fabre 82
Fabre, Bourdon, Ranc, Benouville, Courbet, Bazille 86
Cabanel, Morisot, Glaize 91

la tour de la Babote, le square Planchon 94
les cariatides (mosaïque) 99
la Citadelle, le Polygone 102
Antigone, l'Hôtel de Région, les rives du Lez 104
Grammont, le Zénith 110

le pays de Montpellier 112
Flaugergues, La Mogère, La Mosson, Méric 114
les autres "folies" 118
églises et abbayes 122
les mégalithes de la garrigue 126
les édifices de pierre sèches 127
le Pic Saint-Loup et l'Hortus 128
le monde souterrain, la Grotte des Demoiselles 130
les gorges de l'Hérault, Saint-Guilhem-le-Désert 132
le Salagou, Mourèze, Lodève 134
Arboras, le Cirque de Navacelles, le Larzac 136
traditions et animaux totémiques 138
le littoral, la redoute de Balestras, Aigues-Mortes 140

coups d'œil sur la nature 142
pour en savoir plus 143

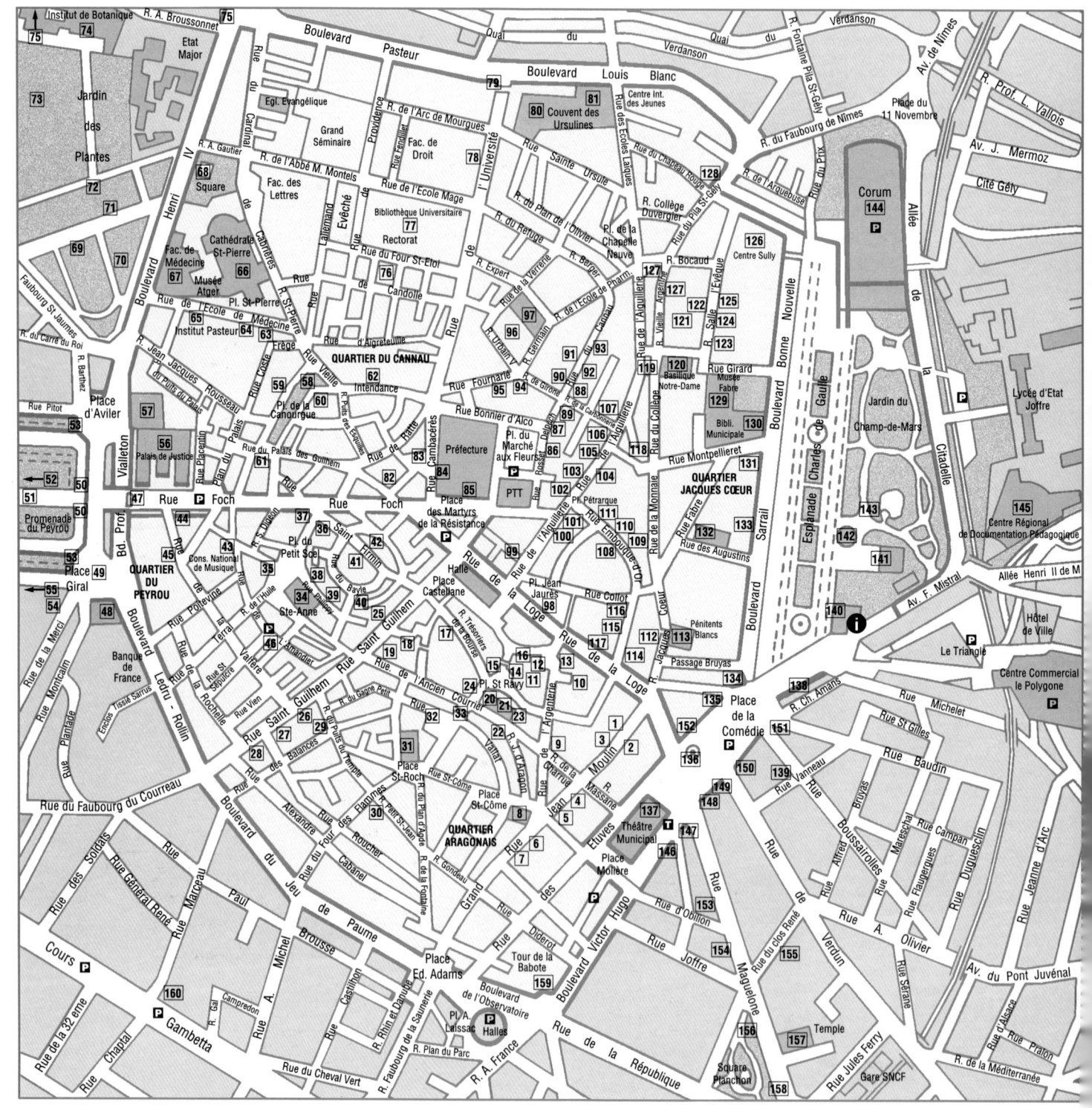